「流れ」をつかめば
「願い」はかなう

強運が来る
兆《きざ》しの法則

秋山眞人
布施泰和［協力］

河出書房新社

カバーデザイン◉スタジオ・ファム
カバーCG◉Romolo Tavani／shutterstock
イラスト◉青木宣人

強運とは能力である——まえがき

運がよくなりたい！　強運の持ち主になりたいと真剣に願う人たちが、近年特に増えてきたように思われます。高齢化社会が進み、健康と病《やまい》、親子関係や人生哲学の幸福感についての関心も年々高くなってきています。

恐るべきことに私たちは、社会生活の時系列的な推移の中で、幸せになりたいのに、悩みを量産しているといっても過言ではないありさまです。

なぜそのようなことになってしまったのか——その背景を少し冷静に考えてみましょう。

悩みをつくりだすことは、逆説的にいえば、私たちが持つ、ある種の優秀な能力でもあります。悩みを別の言葉に置き換えたら、それは人生における「問題意識の提議」ともいえるものなのです。

釈迦《しゃか》は「生老病死《しょうろうびょうし》」という四つの問題に着目し、それを超越すべく「空《くう》」という概念を提唱しました。しかしながら釈迦亡きあと、多くの人々は「空」という概念に至ることさえなかなかできなくなり、かえってもがくことになったことも事実です。

私も、「空」という仏教の専売特許については、あまりにも深遠すぎて、簡単に説明できるような知恵を持っていません。しかし一つだけ明確に申し上げられることがあるとすれば、それは生老病死などの問題に関わる悩みを撃破する「強運」というものが明確な「能力」であり、それはあなたの中にも確実に存在し、光明を放っているということなのです。

これは私が長年にわたり人々の能力開発に関わって、子供からビジネスマン、シニア世代に至るまで時代や世代を超えたさまざまな人々の悩みを拝聴し、そしてそれを乗り越える方法を考えた末に辿《たど》り着いた最終結論です。

ここで問題なのは、「運」という言葉の意味です。運というのは、もともとは単に「運ぶ」という意味でしょう。「運命」といえば、それは命を運ぶことです。つまり人生そのものを表現しています。ですから「強運」といえば、「強い人生を得る」という意味になります。人間において「強さ」には、先天的なものと後天的なものがあります。これまで私の人生で見てきた経験から申し上げると、先天的な強さとは、そもそもオギャーと生まれたときからある「先祖から継承された遺伝的・霊的なもの」か、あるいは「前世のようなものから継承された運の貯金」であることは間違いないと思います。

ここも重要なポイントで、じつは「運」は最初から不平等なのです。それでは、これから思春期を迎え大人になろうとする世代や、大学受験を迎えようとしている若者たち、「あー、年を取ってきたな」と思う年代の人々、不幸にして人生に躓《つまず》き病に冒《おか》されたと思う人びとが、そうした「負の運命」と呼べるものを目の当たりにしたときに、そこから一念発《いちねんほっ》起《き》して、瞬発的で強力に「幸運」を超える「強運」を摑《つか》もうと思ったら、どのようにしたらよいのでしょうか。

私はそのことを真剣に考えて本書を書く決意をしました。私がいままで、五〇年近くにわたって探求してきた人間の心、および「見えない力」に影響される運命の研究成果を、なるべくわかりやすく皆さんに理解していただくことができれば、こんなにうれしいことはありません。私の研究を私だけのものでなく、ぜひ、皆さんのものにしていただきたいと思う次第です。

私自身は「運命の研究者」であり、その研究の結果わかったことを実践する実践者でもあります。時代によっては、サイキックとか能力者と呼ばれたりしました。また、ある時代には研究者と呼ばれたりするなど、時代に応じて自分自身を発展させてきたといういきさつがあります。

私はそれでも、普通の人間としての座標を持ちながら、ある意味「強運」を得たといえるポジションに就いています。食事をしても楽しいし、道を歩いていても面白いし、人と会ったら喜びが自然と湧いてきますし、道で躓いたとしても何か発見があるはずだと思うような人生に至ることができました。

しかし自分が特別に選ばれたとか、超人になったなどという認識は欠片《かけら》もありません。ただ私は、「強運」という能力を得ながらも、また実践しながらも、凡人として普通に幸せなだけなのです。できうれば、宇宙から見たら本当に短い寿命の中で、さらに広い能力開発の探求をしていきたいと思っています。

皆さんが私と同じ、あるいは私を凌駕《りょうが》した境地に立たれますことを心の底からお祈り申し上げ、本書がその一助となればと願っています。

秋山眞人

1章 そもそも「運」とは何か、運は変えられるのか？

2章 運の不思議な「兆し」シンクロニシティとは

3章 「易」が解き明かす運の宇宙法則

4章 「卦」から兆しを読んで願いをかなえる方法

5章　「人生の正解」を選びつづける極意

1章
そもそも「運」とは何か、運は変えられるのか?

運のアップダウンを実感するときとは

「自分の運をよくしたい」とは、誰もが切に願い、祈念《きねん》してやまないことです。しかし、その「運」というものの正体は、いったい何なのでしょうか。

運とは、この宇宙において確実に存在する目に見えない力の流れであり、人や自然など万物に作用する見えない情報の流れに関わっています。その「流れ」を最も効率的にコントロールする人生の操縦法こそ、運の宇宙法則であると私は考えています。

目に見えませんが、その運を実感する方法があります。一番よくわかるのは、トランプゲームや麻雀をしてみることです。やることなすことすべてがうまくいかないときもあれば、何をやってもうまくいく日もあります。何か大きな波のうねりのように、運はやってきたり、遠ざかったりするのです。

中国の客家《ハッカ》では、親族で麻雀をして誰が強運の持ち主かを見抜き、将来を託すこともあったと聞きます。

運を実感するには、一か月ほど、自分の気持ちの上がり下がりを五段階の評価で記録してみる方法がよいでしょう。最高で「5」のときもあれば、最低の「1」のときもあるはずです。一か月ほど記録をつけて全体像をあとで眺めてみると、あなた自身の運の周期があることがわかってくるはずです。

基本的に、短い周期でいえば三・五日、長い周期でいえば三年と六～七か月の周期が見つかるはずです。人間の感情や調子のよさ、そして運のよさには、一定の法則周期で繰り返そうとする構造があります。

西洋医学（医化学）の祖であるスイスのパラケルスス（一四九三～一五四一）もその周期に気づいていました。この周期を使って、運の落ちやすいときに楽しいことの予定を入れたり、ゆったりのんびりしたりする時間を計画的に配置したりすれば、全体的に運のいい人生を送ることができるのです。

運のよさ、悪さとは

「運のいいことと悪いことは、五分五分に起こるのか？」という疑問があります。本当によく聞かれる質問で、これに対して私は一〇代のときから変わらない答えを持っています。

それは、いいこと、悪いことは、明らかに自分の心の、その時々の知識量や感情、感覚、直感の強さなどを総合した評価にすぎないということです。

たとえば、一〇年前にいいことだと思っていたことがあったとしても、いまはそれが悪いこととして退《しりぞ》けるようになっているかもしれません。私の場合は、二〇代から三〇代にかけてとにかく煙草の煙が大好きで、大のヘビースモーカーでした。葉巻からパイプまで、煙草といわれたものは何でも吸っていた時期があります。

スイスの心理分析家カール・グスタフ・ユング（一八七五〜一九六一）もパイプを手離さない大のヘビースモーカーだったといわれていますが、何かを思索するときには、どうしても煙草は必要不可欠なものだと思っていました。

しかしいまは、吸いたいとは思いません。かといって、近くで誰かが煙草を吸っていたとしても、あまり苦になりません。煙草の煙は嫌いにならないまま、すべての煙草をやめてしまいました。もはや進んで吸おうとは思いませんし、何かを考える場合、私の場合はどうも煙草を吸わない方が、記憶力が落ちないということも発見しました。

しかし、逆にたいへん長寿になられたロシアのある女性に会ってみると、私以上にヘビースモーカーであったということもありました。フィルターなしの、自分で巻いた紙巻煙草をとてもおいしそうにくゆらせておりました。**いいこと、悪いことは、やはりそのときの直感、思考、感情、感覚によって生まれる見識によって、各人にとって異なる**のだと思います。

その見識というものを研《と》ぎ澄《す》ませば、とりあえず悪いことを感じなくて済む、見なくて済むようになります。さらに運を鍛えると、悪いことに巻き込まれなくなる体質になります。運の善《よ》し悪《あ》しは、心の改善に関係があるとともに、体質改善とも関係するのです。何に引き寄せられる自分なのか、どれだけいいことを引き寄せることができる自分なのか、それによって、人生の善し悪しの時間的評価は大きく変わるのです。

人間《にんげん》万事《ばんじ》塞翁《さいおう》が馬なのです。**悪いと思ったことが、じつは自分のバランスの悪さを教えてくれる警鐘《けいしょう》であるととらえれば、それはよい運命に変えられます。**調子が悪くなったら、何か食事のバランスがよくなかったかどうかをチェックするのと同じです。

すべてのことに対して、悪いことだと認識してしまう心を持っている人もいます。そういう人は、自分の周りが百鬼《ひゃっき》夜行《やこう》の世界であり、その世界の中で長く暮らしていると、周りに対して非常に攻撃的になったり、さらには落ち込んで、人や社会との交流を断ち切ったりするケースも見かけます。

これもあとで説明しますが、そのような運の悪循環に陥らないためには、心でどう物事をとらえるか、何を引き寄せ、何に引き寄せられているかという心のあり方を根本から変化させていく必要があるのです。

あまり知られていませんが、**運には「四つの性質」が存在します。**

この四つの性質はもともと、ヨーロッパの秘密結社では**「ＡＵＲＡ」（オーラ）**と呼ばれていました。「オーラ」とは四つの単語の頭文字を取った言葉なのです。

結論から申し上げると、その四つの言葉とは日本語で「引き寄せ」「調和」「反発」「生命力」です。

運の性質❶ 引き寄せの「Ａ＝アトラクション」

ポジティブシンキングの効用と限界

最初の「Ａ」はアトラクション（Attraction）です。

これは「誘引」とか「引き寄せ」という意味です。運には、誘引するとか、引き寄せるという性質があります。

ディズニーランドやＵＳＪで使われるアトラクションという言葉は、「客を引き寄せる」という魅力を持っている場所ということになるでしょうか。引き寄せるという力は、マグネティック・マインドともいわれ、精神世界でもよく使われる言葉です。この三〇年間、新自由主義につながる思想として、ポジティブに考えればポジティブなものが引き寄せられるとか、自分もいい人間、よい環境、よい情報に引き寄せられていくとかいわれてきました。

これはこれで、一つの真理の断片かもしれません。しかし、このポジティブシンキングによる「引き寄せ」の考え方だけでは、大きな疑問も残ります。

子供のころ、「将来は何になりたいの？」と聞かれれば、私の育った田舎では「スチュワーデス」「電車の運転手」などと答える子が多かったものです。

近代的な職業に対するあこがれのようなものがありました。「スターになる」「タレントになる」という子もいました。

彼らはポジティブで、純《じゅん》粋《すい》無《む》垢《く》な心でイメージしているのに、みんな、そうなるとは限りませんね。ポジティブシンキングの思想が正しいとしたら、なぜその子たちは自分が純粋にそうなろうと思った職業につけなかったのか、という疑問が生じます。

ここにポジティブシンキングという思想のある種の無責任さを私は感じてしまうのです。「夢をかなえられなかった人やうまくいかなかった人は、中途半端でネガティブだったから」と説明されても、そのように切り捨てていくような思想には、さらに納得することができませんでした。

近代の新自由主義と呼ばれる思想は、「自由競争をして、その競争を究《きわ》めて、勝者が世の中をリードしていくのだから、君も勝者になろう」と説いてきました。でもその思想の中には、「では負けた人はどうするのか」という優しい視点がまったくありません。「その人はなぜ勝ち抜けないのか」という根本的な質問に対する答えも、彼らは持っていません。

成功するには、当然ポジティブシンキングも必要です。目的をはっきりさせることも重要です。でも本当に大事なのは、まず目的のイメージのプロセスに秘密があることを教えなければいけないのです。

ネガティブ・マネジメントのすすめ

彼らにもう一つ欠けているのは、ネガティブ・マネジメントの重要性です。いくらポジティブシンキングといっても、ネガティブになる場合も多々あるからです。その場合はどうするのか。ちょっと躓《つまず》いたりうまくいかなかったりしたときの精神状態をどうケアして、どう変えていけばいいのか、という根本的な問題にも取り組まなければなりません。ポジティブシンキング一辺倒の考えでは十分ではないのです。「引き寄せ」ばかりでは、かえって精神的な負担を感じてしまうケースが多くなります。

じつはポジティブシンキングで途中挫折した多くの人たちは、ネガティブ・マネジメントの知恵・技術の不足に加えて、イメージの仕方の問題が中途半端でモヤモヤしたまま、うまくいかなくなり、それによって、ポジティブシンキング自体が嫌になってしまうケースが多く見られます。これでは本末転倒です。

成功学としては、**ポジティブな面とネガティブな面の両面性をよく見なければいけません。さらにはポジティブだとかネガティブだとかいうレベルを超えることが十分に可能なのだということを信じられる知恵が必要**なのです。とくにネガティブ・マネジメントに関しては、「オーラ」の頭文字となったほかの三つの性質をよく知る必要が出てきます。

プラスに考えるだけでは、決してプラスになりません。プラス思考、ポジティブ・シンキングが席巻した日本のこの三〇年間、この国の世界的評価は急降下したのです。

運の性質❷ 調和の「U＝ユニゾン」

感情と主観が悪者を作り出す

「オーラ」の二つ目の性質は「U」のユニゾン（Unison）、「調和」することです。とくに宇宙（Universe）と調和することが大事です。

「調和」とは何でしょうか。聖徳太子が説いたとされる「和を以《もっ》て貴しとなす」がまさに調和を理解するカギでしょう。「和」には、単に人と人とが仲良くするという意味だけでなく、自然界と心を調和させ、ある程度立ち居振る舞いを調和させることでもあります。

自然界と心を調和させてコントロールする基準があると考えると、オカルト的で宗教くさいと感じるかもしれませんが、この宇宙には善にも悪にも左右されない、絶対的な調和の境地が本当に存在するのです。

ただし、その本当の境地に達するために、それぞれの宗教や、スピリチュアルなことを説く人たちが「調和」を盛んにもてはやすばかりで、その調和の本質をよく知らないことにも問題があります。

たとえば、ある有名なミディアム（霊媒）は、著書に「よくしゃべる霊はダメな靈（霊）だ」と書いています。

「よくしゃべる霊ははしたない」というわけです。気高く、オーラだけを放ち、カッコよく沈黙している霊が素晴らしい霊なのだ」という伝統宗教的な、理想主義の思想が背景にあるようです。

そのように自分の感情や先入観で善し悪しを判断するから霊媒《れいばい》はなかなか信じてもらえません。自分の理想を説いて、そうではない人たちを悪者にするという手口が、スピリチュアルの世界にはあまりにも多すぎます。そうなる理由は、それが「正しい霊感」から発せられているのではなく、「私の感情と主観」から発せられているからだ、ということにほかなりません。そういう視点は社会に受け入れられません。

よくしゃべろうがしゃべるまいが、やはりそれを許容したり、耳を傾けて寄り添ったり、楽しく眺めたりすることが「調和」なのです。そういう寛容性をみんなが少しずつ持ち寄ることが「調和」なのです。「理想はこうだ。だからお前は違う」といって排除するのは、「和」とは対極にある姿勢です。同様に「これは邪悪だ」と一方的に決めつけて、自分と分けようとする姿勢も大いに問題があります。

排除しない大らかさを持っているか

悪魔を例に挙げて、「その恐れから自分の基準値を見つけなさい」とか「悪魔の反対の神を知りなさい」というような教えは、世界の自由を奪う教えにほかなりません。最も戦争を繰り返す教えです。そもそも悪魔などという概念に関わること自体が間違っています。そのような概念にも関わらないことです。

西洋では、森は悪魔の巣窟《そうくつ》扱いされますが、日本の神道では、森は神の宿る場所となったり、かわいい妖怪や妖精が棲《す》む場所となったりします。つまり異質なものを悪ではなく、善悪という概念に関わることなく、あるがままに受け入れます。神聖な神々の降臨ですら、日本神話ではセックスで始まるという、大らかさがあります。

調和に必要なのは、善悪に分けたり、異質なものを排除したりすることではなく、異なるものに対しても寛容であり、容認することなのです。異なるものを怖がったり、差別したり、嫌ったりするのは間違いです。やはり調和をもたらす愛情の本質は、理想ばかりを説くきれいごとではなくて、異質なものでも、豊かな彩《いろどり》を飾る一つの色であると感じることができる大らかさにあるのです。

白を愛して、黒を嫌うということではいけないのです。ある自称能力者は、赤い色を使った絵を見てすぐに「赤は血の色で不気味だ」といいましたが、そういう本人にも赤い血が流れていることを忘れてはいけません。

美と言葉を探求する

ユニゾンを確立するためには、四つの見識が必要だと思います。

一つ目は、**「美しさは何か」**ということを探求することです。かつて洋画家の岡本太郎（一九一一～一九九六）がパブロ・ピカソ（スペインの画家。一八八一～一九七三）の絵を見た時、「醜悪《しゅうあく》でしょ。だからいいのだよ」と語りました。この岡本太郎の言葉からわかることは、「ピカソが絵を通じて何を伝えたかったかを理解できないと、その絵の価値はわからないでしょう」ということです。スピリチュアリズムも同じです。たとえ不気味であっても、その意味がわからなければ、美の本質はわからないのです。

西洋的なきれいごとが、本質的な美ではないのです。キリスト教ではよく「光に向かいなさい」といいますが、では「闇にはすべて悪が棲《す》んでいるのですか、森は悪の巣窟《そうくつ》なのですか」と問いたい。もしそうなら、夜はすべて悪魔の世界になってしまいます。光が美だという愚かで浅い論説に謀《たばか》られないように、美に対する智を深める必要があります。美を知り、広く深めていくべきです。

ユニゾンを確立するのに必要な見識の二つ目は、**「言葉の智」**です。いろいろな言葉を知り、表現力を豊かにすることが重要です。

人を褒《ほ》める言葉を一〇〇以上知っていますか。自分を励ます言葉を一〇〇以上持っていますか。人の悪態に対してやさしく反論する言葉を一〇〇以上知っていますか。弱き者を励ます言葉を一〇〇以上知っていますか。

知らなければ、いまからでも遅くありませんから、ぜひ探してください。もちろん原理主義的に一〇〇以上いえるようになったからといって、その人が偉いわけではありません。本当に一〇〇個知らなくても、知ろうとすることをいますぐ始めることが大事なのです。

自然を味方につけ、宇宙と共鳴する

三つ目は、**自然に対する恐れを少しでもなくす努力をする**ことです。自然は時に残酷です。川で子供が溺《おぼ》れたり、海で孫を助けようとしたおじいちゃんが亡くなったり、台風で家が破壊されたりします。キノコにあたって死ぬこともあります。自然の理不尽さによって亡くなる人は毎年かなりの数に上ります。土砂崩れ、火山の噴火、地震、洪水――自然はそれほど激しいものです。

神が人間に与えたものが自然であるとしたら、なぜこのようなことが起こるのかと、多くの人たちは自然を呪ったり、悪態をついたり、恐れたりもします。

しかし、自然が創造と破壊を半々の割合で繰り返すことは、昔からわかっていることです。そこに理屈を持ち込んでも意味はありません。自然とはそもそも激しく、元気で残酷なものなのです。

ですから、なるべく自然の美しい部分や、社会と折り合いがつく部分を見極めて受け入れ、生活の中に活かしていくように努めながら、セキュリティーの知識も学ぶことです。

草木を植えることは楽しいし、安全を考えたうえで海や川で遊ぶのはとても楽しいことです。毒キノコや毒草の知識があれば、山は食べ物の宝庫となります。クラゲに刺されたときの治療法やフグ毒などの危険性を知っていれば、海もまた食べ物の宝庫です。

しかし「自然食」が体にいいからと、生で食べる植物が重宝されていますが、自然食はカビの温床ともなりえます。自然の中で暮らせば、虫やムカデが出てきます。そうした自然を、ちゃんと強い心で眺めて、バランスを持って受容しなければなりません。

自然に癒やされようとするなら、自然の怖い部分を受け入れる勇気が必要です。その勇気を養ううえで、厳しい自然に対処する対抗策をちゃんと準備しなければならないのです。ハイヒールを履いて富士山に登るようなバカなことはしてはいけません。ここから先は進入禁止なのに、自然が美しいからといって禁止区域に入り込んでゴミをまき散らすことも愚《ぐ》の骨頂です。禁止区域では、人間が持ち込む菌に弱い動植物も多いのです。

自然の闇と光をよく知ったうえで、自然と対話し、自然を受容して、その美しさを味わってみてください。

四つ目は、**「宇宙と自分は一つである」と考える**ことです。宇宙を神と呼んでもいいし、法則性の集積体と呼んでも構いません。どう呼ぼうとも、はっきり感じてほしいのは、「宇宙の意志の一部が自分なのだ」ということです。いつもそのように感じようとしてみることが重要です。

星空を眺めて、大宇宙に思いをはせるのもいいでしょう。積乱雲が湧き上がる風の強い大荒れの日でも、窓越しに稲妻を眺めながら「嫌だな」とは思わずに、稲妻をつくり出す宇宙のダイナミズムと、安全な場所で共鳴してみてください。そうした偉大な力の一部が自分の中にもあるのだと考えてみましょう。

この四つの姿勢・見識が調和を考えるうえで必要な要素だと思います。

運の性質❸ 反発の「R=リパルジョン」

捨てるべきものを知る

三つ目の文字の「R」は「リパルジョン（Repulsion）」、「反発」とか「拒絶」する心のことです。最低でも何を拒絶したらいいのか、何を自分から外して考えるのか、たとえばどういう煩悩《ぼんのう》から自分が離れなければならないのか、ということを見極めるのが重要だということです。

人間がいまを生きるために、自分からなるべく離したり、傍《かたわ》らに置いたり、遠くに投げ捨てたりしなければならない概念が三つ存在します。

まずは、どう考えても**「死に向かう」概念は捨てなければなりません**。釈迦は生老病死を避けられない四苦として挙げていますが、だから私の体はつねに調子が悪く弱いものなのだと考える癖をつけてしまったら、当然体は蝕《むしば》まれていきます。それは緩慢《かんまん》なる自殺です。死を恐れながら自殺に向かう行為です。死に向かう暗示をかけては絶対いけません。

どんなに重い病気にかかっていたとしても、「自分の体に感謝し、体は強いのだ」という暗示をかけてください。どのような病気の既往歴があったとしても、どんなにいま痛みを持っていたとしても、自分の体は強いのだと信じ切って治療に当たってほしいのです。

確かに誰もが老いていきます。二〇歳から老いが始まるという説もあります。だんだんと感性も鈍《にぶ》っていくでしょう。体が思うように動かなくなり、あちらこちらの節々が痛むようになるでしょう。そうした老化を経験したときに、ネガティブに考えないことが大切です。むしろ、年を取った分だけ、人を許せるようになってきたとか、弱い者の気持ちがわかってきたとか、社会のルールを守ることの大切さが身に染みてきたとか、人の優しさがとても素晴らしく感じるようになったとか、ポジティブに自分の老いを考えるようにしたいものです。

そこで二つ目は、**老化のポジティブな面に目を向け、同時に自分でもポジティブなことを実践しようとする**ことです。ポジティブはまず自分に向けてください。

かくいう私も、昔は短気でした。遠回りしたタクシーの運転手に悪態をついたこともありますし、理由を説明せずに、安いものを猛烈に高く売ろうとする人に憤《いきどお》りを感じたことも間々ありました。理想的な思想や宗教理念を掲げて、若い人の自由をどんどん奪っていくような思想家や宗教家、運動家に対して、憤怒の念を感じていた時期があったのも事実です。いつも怒りと隣り合わせでした。

ところが、そうした過激な宗教家や運動家の人たちも年老いてきて、角《かど》が取れて丸くなってきています。かつて殴り合いのけんかばかりしていた人たちも、年を取ると先人たちを見習いながら、平和になっていくのです。喧嘩などには関わらないようになり、自分自身の好戦的な部分も捨て去っていくものなのです。

恐れる必要がないものとは

三つ目は、**「違いを恐れない、違いを攻めない」**ということです。嫌いな人の悪口をいうのは楽しいし、また、私たちは自分と違うものを恐れます。ただ、戦争一つを見ても、まったくその戦争に関わらない「高みの見物」の立場から、どちらがいい悪いと論じるのも、愚かな評論に思えます。

二〇二二年に勃発したウクライナ戦争や、コロナ禍《か》に対する日本人の世論の推移の中で、いかにＳＮＳなどがいい加減に人にリンチを加えるかという現象をたくさん見てきました。「何を横に置いて関わらないようにするか」で、その人の理性と知性がいままで以上に試される時代です。横に置くべきこと、拒絶すべき概念は、違いを恐れて攻めるという、その攻撃する心にあります。責める、妬《ねた》む、恨《うら》むという思いは、思った以上に自分の心身を傷つけます。その思いから遠ざかる不断の努力は、どんなに困難に思えても楽しく続けなくてはならないのです。

運の性質④　生命力の「A＝アクティベーション」

自己像をどうとらえるか

最後の文字は、アクティベーション（Activation）の「A」、「活性化」させること、すなわち「生命力」という意味です。

私たちは、生命力をよく味わうことが必要なのです。では、その生命力を味わうのは、どういうときのことをいっているのでしょうか。

ご飯をおいしく食べたり、好きな人たちと一緒に何か楽しい話をしながら食事をしたりするときや、誰かと一緒に旅をしたりするときに、私たちは生命力を感じます。自然を直視するときも、宇宙をイメージするときも、大きな目的に向かって一歩を踏み出すときも、やはり生命力を強く感じます。魂が活性化するからです。

また、ほかの生命が健気《けなげ》に生きているのを見るとき、逆に命が失われるときも、生命力の尊《とうと》さを感じるものなのです。

生命力の理想的な感じ方は、やはり自分自身をどうとらえるかに関わってきます。**生命の一つである自分自身をどのように受容するか**、ということです。

おおよそ人は、自分を見たときに、嫌《いや》な部分が優先的に見えるものです。朝起き抜けの自分の顔を鏡で見たときに、ぼさぼさの髪、目やにやよだれの跡、吹き出物が真っ先に目について気になったりします。そんなところばかり見て、「いい顔だ」とはなかなか思えません。

しかし、その見慣れた、ぼんやりした顔の中にも、生命力を見出し、宇宙と直結していることを感じることはできます。少なくとも、そう見ようとすることはできるはずです。そこに見出せるものこそが、本当の生命力です。見ようとすることによって、生命力が生まれます。

赤ちゃんが生まれた瞬間に、お乳がほしくて「オギャー」と大泣きをするときも同じです。それは命の叫びにほかならないのです。そう感じられる心にもまた、生命力が宿っています。

オリンピックを見たときに、誰もが生命力を感じると思いますが、絶望の底でも生命力を感じようとする心に真の生命力が宿るのだと思っています。

人は自分自身を世の中で一番嫌悪し、低く評価しがちです。だからこそ、自分自身を太陽であると固く信じてください。命の輝きの本質が自分なのです。ここからでしか、何も見えないし、ここからでしか、何も味わえないし、ここからでしか、誰も愛せないのです。

そのことを、ご飯を咀嚼《そしゃく》しながら、よく味わってください。甘さも苦さもすべてを噛みしめながら、命を感じてください。そこには必ず喜びがあるはずです。命を感じたときというのは、じつは手放しの喜びの境地でもあるのです。その喜びは、自分の悪い気持ちも鎮《しず》めてくれます。鎮魂《ちんこん》、瞑想のときに感じる喜びに近いものがあります。

生命力と死は、隣り合わせにある

人の死の中でも、生命力は感じます。私の母方の祖母が亡くなったときに、何人もいるいとこの中で、「まこと！」と私の名前だけ呼ばれたことがありました。まさに臨終《りんじゅう》のときに、祖母はそう叫んだのです。小学生にもなっていなかったと思いますが、幼心に凄《すご》い生命力だなと感じたことを覚えています。

同時に私は、祖母が持っていたものを何か自分が継承しなければならないのかな、とも思ったのです。非常に優しい祖母でしたが、少し霊感の強い祖母でもありました。その祖母が「眞人よ、お前はきっと世の中の荒波にもまれるけど、優しくありなさい」といおうとしたのかなと、いまではそう思っています。

当時の私は本当に暴れん坊で、利《き》かん坊で、それでいて喘息《ぜんそく》持ちでしょっちゅうピーピーと泣いておりました。それなのに、祖母は一言も私に怒ったことがありませんでした。いまから考えても、あのときの私を一言も文句をいわずに見続けてくれた祖母は、本当に何と凄い包容力を持っていたのだろうと思わずにいられません。私なら怒らずにいられなかったと思います。思い出すだけで、赤面《せきめん》の至りです。

その後、火葬場でお別れがおこなわれたのですが、それを間近で見て、やはり幼心に祖母が焼かれて灰になるという衝撃的な経験をしました。祖母は膵臓《すいぞう》辺りにがんができていたらしく、焼いたら、そのあたりの骨に黒緑色の塊《かたまり》がくっついていたのをいまでもはっきりと覚えています。たぶんがんだったと思うのですが、焼かれてもなお痕跡を残すがんの生命力にも驚かされました。そうでないとしても、祖母が長い間、堪《こら》えてきたものが、黒緑色の塊となって焼け残ったに違いないのです。どちらにしても生命力のなせる業《わざ》のような気がしたものです。

その光景は、はっきりと私の心に刻まれています。祖母は優しかったけれど、長い間辛《つら》いことに耐えてきたのだな、と思います。精神世界では「がんは頑固から」といって、頑固だとがんになりやすくなるという諺《ことわざ》のようなものがあります。確かに病因論とも呼ばれますが、偏った精神的な傾向のある人は、偏った大きな病気になりやすいという傾向はあるのかもしれません。「大人のいうことを聞かん子は気管支炎になる」ともいわれます。それらの諺は、自分をつねに戒めなければならないことを諭《さと》しているように思われます。

逆に他人の病の苦しみを見たときに、それが仮にその人のネガティブな感情の結果で病になったとしても、その病を何かと闘ってきた証しであると私は見ます。病には矛盾するいろいろな概念がそこに畳み込まれているのです。それをきちんと感じて、責めすぎることなくつねに癒やされることを祈ることが、周りの人にとって大事なのだと思っています。

生命力を見るということは、光と影を同時に見るということでもあります。陰と陽が相まっているのがこの世界だといわれます。この世界はすべて二元論的にできているともいわれます。だからこそ、その両方をよく眺めて、それをどのように生活やら心のありさまに活かしていったらいいかを直視していく必要があるのです。

「AURA」の知恵をどう活かすか

運は、この「ＡＵＲＡ（オーラ）」という四つの要素をコントロールするうえに成り立っています。この四つの要素のコントロールとバランスが大事なのです。しかし、このコントロールとバランスの意味をわかっている人はあまりいません。

私たちは、コントロールという言葉をきちんととらえ、バランスという言葉をしっかり受け入れることに、極めて引っ込み思案のところがあるからです。「やはり、世の中バランスですよね」と多くの人はいいます。「では、あなたのいうバランスとは何なのですか」と聞くと、なかなか明確な答えが返ってきません。バランスというものを、深く掘り下げて考えていないということが大問題なのです。

運を知ることとは、バランスという言葉の奥行きを、より探求することから始まります。

運をよくするのは、一生の旅のようなものです。毎日探求して初めて運がわかり、運をよくすることができるのです。「ポジティブに考えれば成功する」という短絡的なものではありません。そのようなポジティブシンキング一辺倒の薄っぺらな本を読んでも、一時は精神の清涼飲料水やトランキライザーとして効くかもしれませんが、すぐに効き目が切れてしまうのです。

当然、運を考えるということは、運命という言葉を考えることでもあります。命を運ぶという意味です。どういう運び方をするかで、その人の人生が決まります。そのとき、バランスの重要性が増すのです。

川を船で移動するにしても、船の絶妙なバランスが重要になります。そのバランスが崩れれば、船はひっくり返り、操作するためのオールも、人も、船もバラバラになってしまいます。

つまり、いままで話してきたことは、運という大河を渡る船の造り方の入り口を説明してきたわけです。その船に自分の命を乗せて、大河を渡っていくのが私たちの人生であると考えてください。運をよくするには、オール（コントロール）と舟の安定性（バランス）が大事なのです。

「幸」という字は、左右で切っても上下で切っても同じ形につり合う対称的な字です。つまり幸せ自体が絶妙なバランスの上に成り立っていることを示しています。言い換えると、絶妙なバランスの境地というものは、芸術でもあり、哲学でもあり、科学でもあります。

逆にいえば、芸術も哲学も科学も、その境地に至るための道具でなければ、何の意味も持ちません。

私がAURAを意識するとき

私はまれに、家の近くの繁華街で、お酒をたしなむときがあります。あまり飲めるほうではありませんが、それでも大学で教鞭《きょうべん》を執《と》っていた人や医師など、いろいろな方に出会います。

彼らと話していると、私がスピリチュアル的なカウンセリングをしていると話そうものなら、すぐに食ってかかってきます。彼らはスピリチュアルなことや精神世界を真っ向から否定して、何時間も自説を説かれます。

お偉い先生方ですから、貴重なご意見として拝聴しますが、そのようにスピリチュアル否定論を滔々《とうとう》とまくしたてる先生方自身がどうも幸せに見えないのはどういうわけだろうとも思ってしまうのです。精神世界を軽んじることによって、何か大切なことを見落としていませんかと逆に思ってしまうわけです。

彼らは酔えば酔うほど周りに対して横暴となり、「俺は知性の塊なのに、お前らは何も理解しない。何から何まで、みんな面白くない」とまで言い放ちます。そのようなことを言い放つ佇《たたず》まいにある人は、いったいどうしてそうなってしまったのかなと思わずにいられません。

しかし、そうした出会いもまた、社会の彩《いろどり》の一つです。

私は最近、ようやく社会は彩に満ちて、きれいだなと思うようになりました。黒も深緑色も鶯《うぐいす》色も黄色も茶色も赤も、「いいな」と思えるようになりました。昔は真っ赤とかマリンブルーとかピンクとか、そういう派手な色でなければパッションを感じませんでした。草間《くさま》彌生《やよい》さんやサイケデリックのモダンアートは大好きでした。

しかし最近は、淡く枯れた、半分虫に食われたような柿の葉が日に照り返ったりすると無性に「きれいだな」と思うようになりました。自然界の彩はいろいろなことを教えてくれます。社会が織りなす彩、人間が織りなす彩も同じです。そう考えると、仮に誰かになじられても、その佇まいにいる自分が幸せに思えてくるのです。

運というのは、そういうものなのです。

運命は変えられるのか

命の運ばれ方にも、いろいろな呼び方や名前があります。運命、宿命、業命《ごうみょう》――この三つの言葉を説明すると、「運命」はこの中で、命の運ばれ方が最も自由であるという前提に立っているといえるかもしれません。

この場合、命を運ぶのは自分自身です。自分で決められるから自由なわけです。自分で命を決めていくということが強調されている言葉です。

運命と宿命を同義に使う人がいますが、意味はまったく違います。宿命という言葉には、自分の体は宿であり、不自由不自在体であることが強調されています。その体に、「命」である霊が宿っていると考えます。命は仮の宿に泊まっているだけです。その分だけ、命は宿である「箱」に限定されるし、窮屈《きゅうくつ》になります。不自由不自在の度合いが高いのが宿命です。

人生が宿命であると考えるならば、人生のシナリオは最初から生みつけられています。生まれたときには遺伝子という設計図に書き込まれていて、それはどうにも変えることができないということになります。最近では、人間は遺伝子という、超コンピュータで計算し抜かれて配列された状態で生まれてくるので、変わるわけがないとすらいわれるようになりました。生まれつき、その人の人生はすべて遺伝子の配置図や計算式で見通せてしまうと主張する科学者も出てきました。

かつてナチスの時代には優生学が流行り、悪性の遺伝形質を淘汰《とうた》し、優良な資質を保存しようとの動きがあったくらいです。日本でも「親の因果《いんが》が子に報《むく》い」などといわれ、その家に生まれたからという理由で差別をする考え方に利用されました。それは恐ろしい考え方です。

もう一つ、業命という言葉があります。あまり一般的な言葉ではありませんが、これは単なる運命とも単なる宿命とも考え方が異なります。

宿命と同様に生みつけられたものがあるのですが、その生みつけられたものは、前世や霊的世界で自分が選んだものも多分に含まれているという考え方です。トレーニングや修行や勉強のために、今生《こんじょう》に生まれてくるという、自分の意志が入っているのです。それが生まれてきた理由であり、業命と呼ばれるものです。親の因果を超えた、魂の因果とも呼べるものです。

私は長い間、心霊学や前世を研究してきました。生まれ変わりに関しては、否定論や肯定論が闘わされていますが、だいたい後ろには宗教が絡んでいます。しかしそうした宗教論争とは別に、ヴァージニア大学のイアン・スチーブンソン教授（一九一八～二〇〇七）がおこなった前世を記憶する人たちの研究とその膨大なデータを無視することはできません。やはり前世はあるのです。

人間は自由自在に生まれて生きるのですが、自由自在の中には失敗の繰り返しが何度もあるわけです。その失敗ゆえに、その失敗を恐れて今世《こんせ》でも同じような失敗をしてしまったり、あるいは逆にその失敗の反対側を選んでさらに失敗してしまったりするのが人間なのです。失敗が魂に傷痕《きずあと》として残り、生まれ変わっても、まだ傷もできていないのに、痛がったり怖がったりします。

それらを広く内包した言葉が業命なのです。

運命は宿命ではありません。変えられるのです。しかし、先祖や前世の問題から生みつけられたものはさまざまあります。生みつけられた「癖」は存在します。その意味で、生まれてからの環境だけで、その人のすべての性質や性格が形成されるのではないのです。

ですから、**宿命や業命によって生みつけられたものと、それを突破できる自由自在の神**

の欠片《かけら》としての自己があるわけです。古神道《こしんとう》ではその神の欠片を直霊《なおひ》と呼びました。欠片とはいえ、神と等しい、あるいは近い力を持っています。ですから何でも変えられるのです。そうした神の欠片であることに対して記憶喪失にならなければ、何でも変えられます。だからこそ運命なのです。

私たちの人生は壮大な宇宙のゲームなのです。「変わらない」という方向に川の流れのままに身を任せる生き方もあれば、オールで懸命に漕ぎながら上流に遡《さかのぼ》る生き方もあります。魚でさえ、卵を産むために上流に上っていきます。流れに逆らって挑戦するのもいいし、流れに沿って進むのも自由なのです。流れに逆らったことによって、モーターボートやホバークラフトを発明する場合もあれば、流れに乗ったからこそビジネスで成功する場合もあります。物質的、肉体的、精神的技術を駆使して、業命や宿命は変化させることができるのです。変えることができるばかりか、それを楽しむこともできます。

楽しむことが幸せにつながるのならば、どのような視点でも、どのような状況でも楽しめるはずです。そういう境地があるのです。

当然、生みつけられた自分の「癖」が悪いと思えば、一生懸命に挑戦して命がけで楽しみながら変えていけばいいのです。それが運を操る素敵な生き方でしょう。

2章

運の不思議な「兆し」シンクロニシティとは

運の兆しは宇宙の法則である

一章で、運には周期があるといいました。これから運はよくなるのか、悪くなるのか、どんなことが起こるのか――。誰もが事前に知りたいと思うことでしょう。

じつは運には、明確な兆しがあります。前出のカール・グスタフ・ユングのお陰で、それには名前がついています。それがシンクロニシティです。「意味ある偶然の一致」とか、「共時《きょうじ》性《せい》」とも呼ばれています。

ユングはとくに「シンクロニシティ」という言葉をよく使いました。人間の心の中にあるさまざまな状況と、心の外にある環境が、距離やエネルギー伝達の法則を無視して同時に共鳴すると説きました。それがシンクロニシティ、すなわち共時性です。

これはあたかも、物理学の最先端理論である量子論に通じるところがあります。時空を超えて量子同士が共鳴し合う理論に似ています。しかし、私はあえて現在の拙《つたな》い科学の理論を使って、シンクロニシティを説明する気はありません。はっきりわかるのは、「心の中と外の共鳴現象は起こる」ということです。

カレーが食べたいなと思うと、突然、誰かがカレーを持ってきてくれるというようなことは、紛《まぎ》れもなくあるのです。あるいは、大洪水を乗り切ったノアの箱舟の人たちの前に現れた虹のように、節目節目で突如、虹が現れるということもあります。先日も、「ちょっと涼しくなってほしいな」と思ったら、急に雨がザーッと降って気温が下がるという現象が起きました。しかも都合がいいことに、帰るころには雨はすっかり止《や》んでいました。

そうした不意に何げない、それこそ偶然だと思われる不思議な現象を経験したときに、その出来事の意味を解読する方法もあります。それを記したのが『易経《えききょう》』です。易占は、偶然目に飛び込んできた数字や図形、シンボルから自分の周囲で起きている、あるいはこれから起きようとしている現象の意味を解読する方法なのです。つまり、易《えき》の卦《け》をこれから起こる出来事の「兆し」として使うことができるのです。

易を使えば「兆し」の意味がわかる

易の六四卦《け》の出し方とその意味については第三章以降で詳しく説明しますが、そのさわりだけをご説明すると、次のようなことで、これから起こる出来事を教えてくれます。

たとえば、夢の中で山とおぼしきシンボルが出てきて、次に太陽や宇宙のシンボルが出てくれば、それは「天山遯《てんざんとん》」という卦を表し、「いまやっていること、あるいはこれからやろうとしていることから一時身を引いて勇気ある退却をせよ」という意味になります。

もっと簡単なのは、コイントスです。偶然に現れるコインの裏表は、まさにこれから起こることの「兆し」そのものなのです。解決したい悩みがあり、その解決法を知りたいとき、その答えを知るために六回コインを投げて裏か表かを記録します。裏は陰、表は陽として六四卦を求めると、たとえば、裏、裏、裏、表、裏、表の順に出たら、「火地晋《かちしん》」となります。「一歩ずつ前進せよ」という意味です。

易はこれから起こる出来事の兆しとして、驚くほどよく当たります。言い換えると、運命の兆しは間違いなく存在し、それを読み解く方法も確実にあるということなのです。

その兆しという大きな袋で括《くく》られている中には、場と時間、ビジョンと物、それに意味というテーマのカギが存在します。

その中で第一に重要なのは、やはりビジョンの耕しです。どの場面においても、総合的に見ても、これは不可欠な要素です。明確なビジョンを持っていなければ、何を思おうが、思ったとおりにはなりません。運命の兆しといっても、それは意外な現れ方をしてくるのではなくて、それまで自分が使ってきた、いろいろなイメージの中から現れます。対社会的なイメージとか、自分の夢のイメージとか、自分の体に対する自己像とか、自分が健康に生きていい人間だと思えるかとか、自分が将来お金持ちになっていいというビジョンを持てるか、ということが非常に重要になってきます。

そうするためには、じつは許しのイメージがとても大事なのです。インターネットの中で多くの人が誹《ひ》謗《ぼう》中《ちゅう》傷《しょう》のメッセージを書き込むなどして、お互いに殺し合いに近い、心の傷つけ合いをしています。毎日、心のチャンバラ、切り合いをしているのが、いまの時代です。そこでどうして運命の格差が開くかというと、その時代においても、悠々と安々と、心の中で楽しいイメージを持って、人と社会を恨《うら》まずに楽しんでいる人と、そうしたイメージを持てない人とでは、人生に差が出て当たり前だからです。そのイメージが持てるかどうかで、どんどん運命の格差が開いていきます。

「責める、愚痴る、恨む」から「許す、癒やす、願う」へ

運命の始まりというのは、イメージによってしか変わりません。

人や社会を責める人は、まず成功できません。責める、愚痴《ぐち》る、恨むという三つのことを習慣として受け入れている人は、緩慢《かんまん》なる自殺に向かって歩いているようなものです。自分自身を傷つけているということにほかならないからです。その真逆の考え方、生き方をしなければなりません。そのために必要なのは、「許し」です。許すということはそれほど大事なことです。逆にいうと、誰もが怒りに呑《の》み込まれやすいともいえます。怒りを止めるのは難しいものなのです。正義の心があればあるほど、怒りに呑み込まれます。

本来、正義の心があるということは、優しい人のはずです。ところが、町を歩いていても、その正義の心をねじ折るような人がたくさん歩いています。たとえば、路上喫煙禁止と書いてある場所でたばこを投げ捨てていく人。携帯電話を操作しながら正面からぶつかってくる人。人ごみの中を歩行者にぶつかりそうになりながら自転車ですり抜けていく人。人に文句ばかりいって絡んでくる人など、こちらが怒りたくなる人は山ほどいます。

しかし、この時代において、よいイメージを持とうとしたら、「私は許せるのだ」という生き方に挑戦することです。許す、癒やす、願うという三つのことを習慣として身につけるのです。この三つのステップを踏むことで、イメージを向上させ、よいイメージを膨らませていくのです。

まず、許せる自分であると思うことによって、最低でも周囲の変な人たちに呑み込まれなくなります。怒りに任せて自分も奇異なことをして、大暴れしなくて済むのです。

次に、自分を癒やし、他人を癒やすことです。じつは、自分を癒やすのは難しいものなのです。人は、自分を卑下《ひげ》して考えがちだからです。それによってつねに自分のお尻を叩いているわけです。これに対して、他者を癒やすほうがじつは簡単なのです。

人を癒やそうと思ったら言葉で癒やせます。携帯電話で済む場合もあります。一日一回誰かと電話して褒《ほ》めたり、なだめたり、一緒に笑ったりするだけで、相手を癒やすことができます。人を癒やした結果、自分が癒やせる人間なのだという自信が生まれます。そうすると、初めて自分が癒やされるのです。人を癒やせるなら、自分を癒やしてもいい、自分のことを褒めてもいいという気になれるからです。そうすると、自分を卑下して考えなくなるので、体調もよくなっていきます。本当の意味で明るくなっていきます。

自分を許す、自分を癒やす

私は昔、心の分野に関して、さまざまな先人たちの話を聞くために世界中を渡り歩きました。そのときよく、胡麻《ごま》を擂《す》ってでもいいから、よいヒーラー（癒やし手）になりなさいといわれました。「言葉で癒やせるのだからそれでいい。歯を食いしばって、その人のよいことを伝えなさい。人の悪い面を言葉にせずにグッと堪《こら》えて、相手のよいところを意識して見つけて褒めなさい」と。

その教えどおりにおこなっていると、少しずつ自信が持てるようになりました。仮に褒めないで責めてしまったとしても、「いまあなたのことを責めないと、あなたは癒やされない」といって、少しずつ褒めてあげることができるようになりました。ネガティブな言葉をいってしまっても、最後にポジティブな言葉に変えることができるようになりました。

これは非常に大きな癒やしのテクニックです。ネガティブなまま終わってはいけません。自分を罪人で終わらせないことが大切です。そうすることによって初めて、社会や家族や国家に対して、ポジティブなイメージを形成できるようになります。

そこまでくれば、こういう仕事をしたい、こういうビジネスを立ち上げたい、こういう貢献をしたい、こういう作品をつくりたいという思いが、初めて喜びとして湧き出てくるのです。これが三段階目の「願う」という状態の始まりです。

悪い奴でも成功した人が「私はポジティブだったから成功した。君はポジティブになれないからダメなのだよ」などと吹聴《ふいちょう》するものだから、余計に性《たち》が悪い。悪徳ネットワークビジネスに手を染めている人たちは、しばしばそういう言い方をします。

単純にポジティブに考えれば成功するというものではないのです。ポジティブシンキングがもて囃《はや》されて四〇年くらいになりますが、それによって景気がよくなったわけでもなければ、人々が幸せになったわけでもありませんでした。

逆に世の中はカサカサな、干からびた状態になってきたように思います。ポジティブシンキングだけでは絵に描いた餅なのです。本当にポジティブになるためには、自分を許し、自分を癒やすことが必要なのです。そうしないと、ポジティブになれない自分を余計に許せなくなってしまいます。

最も美しく花が咲く、自分の心という畑を耕すとはそういうことです。

「祈り」や「願い」が通じ始める兆しとは

ここまできてようやく「あれ？」という不思議なことを経験するようになります。不思議な兆しを体験し始めるのです。それがシンクロニシティです。その現象が頻繁に起こるようになります。心の状態が外部に影響を与えるということを実感するようになります。

　どのような現象かというと、何げなくパッと見た時計が一一時一一分だったり、パッと見た車のナンバープレートが４４４４だったりするようになります。**数字のシンクロニシティ、とくにゾロ目の数字のシンクロニシティが頻繁に起こる**ようになります。**人が思っていることを、こちらが先んじていってしまったり、逆にこちらが思っていることを、ほかの人がいってしまったりする**ということもよく起こるようになります。

　そのような現象が起きているときは、明らかに外界と自分がしっかりとつながれていることを意味しています。同時に自分の心の状態が外界に影響を与えるということに信念を持てるようになったことを意味します。運命の歯車がうまく回り始めたわけです。

　ただ気をつけなければならないのは、せっかくそういう状態になったのに、「私の心が読まれて、ほかの人たちが私のことを笑っている」と思ったりしないことです。時々、そのように解釈して、ネガティブになってしまう人がいますが、被害妄想になる必要はまったくありません。

　誰かに心が読まれているというわけではなく、心が外界と共鳴するという現象を体験しているだけなのです。誰にでも起きることなのです。

共鳴をたくさん経験するようになると、ここからは「祈り」や「願い」が通じやすくなります。ですからダイナミックに祈ることです。その際、「みんな成功して、私も成功するから」と祈るようにしてください。

そこから初めて、ポジティブの大道というか、本当の意味での酸《す》いも甘いも噛みわけた、超越的ポジティブシンキングができるようになるのです。

「よくないことは考えないほうがいいからポジティブに考えよう」などといっているようではうまくいかないのです。ネガティブを恐れていては余計ストレスになるだけです。その心のケアをしたうえで、心を耕してからポジティブシンキングをしないと、ポジティブビジョンのスイッチが入らないのです。

ストレスを抱えたままポジティブシンキングをおこなうと、逆に願いとは反対のことが起こるようになります。超心理学の分野でも昔からよく知られているのは、超能力実験の被験者の心の状態次第では逆の現象が起こるということです。ストレスがあるときに超能力を使うと、有意の確率で逆の事象が起こります。

たとえば、五者択一でカード当て実験をすると、ストレスがある間だけ、まったく当たらなくなるという状態が続くのです。逆にストレスがないと、その当たる確率が四〇％になったり五〇%になったりするわけです。

また、実験室に被験者の気に入らない人がいるだけでうまくいかなくなる、ということもよく知られています。

当然、ストレスのない状態、つまり面白い、楽しいという状態をほどよく作っておくことが重要だということです。ただしその作り方も、極端になりすぎると「(その状態が)なくなったらどうなるだろう」と不安になってしまいますから、自然に作らなければいけません。ほどほどがいいのです。こうした特性を理解した、自分によい影響を与えてくれる人に積極的に会い、恵まれている人と共鳴するように努めることが肝要になります。

「共鳴できる人」を選ぶには

ここでもう一つ問題となるのは、お互いに影響を与えたい、受けたいという人をどう選ぶかということです。これも非常に大事です。

見識の低い人は、口先ばかりの大ボラ吹きを信じてしまいます。「君は成功するよ。だから成功した私と組みなさい」などといわれようものなら、すぐに信じてついていってしまう人がいます。しかし、本当に成功している人は、そのようなことをいいません。

本当に成功している人は、いついっても母親のように、穏やかに見守ってくれます。そして心の財産を必ず与えてくれます。そうした人に会いにいって、話をしたりするとよいでしょう。また、志が同じ人を見つけることです。

易の世界には、毛利家の「三本の矢」の話の原型となった「火風鼎《かふうてい》」という卦がありま す。三つの脚がついている鍋で煮ると、おいしい料理ができるという意味の卦です。これは自分を含め、あと二人の合計三人必要だということです。三人寄れば文殊《もんじゅ》の知恵ともいいますが、鼎談《ていだん》は非常に有効な手法です。

志をだいたい同じくして、同じようなものをつくる人たちが三人いて、何かいつも話を盛り上げていくようにすれば、必ず面白いものが出来上がるはずです。

すぐに結果が出なくてもいいのです。まずは三人集まって、褒め合ったり、刺激を与え合ったり、情報を持ち寄り合ったりすることによって、成功が近づいてきます。

そうしたケースでは、ただでさえ面白いのですから、ただでさえ癒やされます。

極論を求めすぎても、兆しは遠のきます。極論はストレスになるからです。勢いで「年商三〇億円の会社を作る」という大言壮語もいいですが、どうすれば実現するのか、根拠やビジョンがなければダメなのです。単にホラ吹きといわれるだけです。

私は、成功した経済人や有名人を取り上げた日本経済新聞の「私の履歴書」をよく読みます。それを読むと、みんな紆余《うよ》曲折《きょくせつ》を書いていて、順風満帆《じゅんぷうまんぱん》ではなかったことがわかります。どれだけよく失敗をしたか、どれだけ過ちをしたか、どれだけ困難だったか、そしてそれらをどれだけ乗り越えたかということが書かれているからです。非常に多くのことを学ぶことができます。

エジソンは「兆し」を見抜く天才だった

その日本経済新聞社から『快人エジソン』という本が出ています。電灯や電信機、電話機、蓄音機、映写機などの発明で知られるアメリカの発明家トマス・エジソン（一八四七～一九三一）の人生を描いた本ですが、エジソンの意外な側面が紹介されています。

それによると、エジソンは「天才とは一％の閃《ひらめ》きと九九％の努力の賜物である」といったとされ、努力の人であるかのように思われていますが、じつは「一％の閃きがなければ九九％の努力も水の泡である」が彼の真意であったことが明かされています。「最初の閃きがよくなければ、いくら努力してもダメだ。ただ努力するだけという人はエネルギーをムダにしているにすぎない」というのです。

しかも、交流発電機などの発案者でエジソンのライバルとして知られるニコラ・テスラ（一八五六〜一九四三）と同様に、宇宙人のような存在と交信していたことも示《し》唆《さ》されています。エジソンは、頭の中に「リトル・ピープル」という電子生命体が棲《す》んでいるとずっと言い続けていました。その生命体の声が閃きをもたらすというのです。だからインスピレーションを信じないいまの世の中は本当にムダなわけです。閃きを重んじない社会だからこそ、みんな苦しんでいます。エジソンによれば、「人間の脳は電子人格集団」です。

エジソンのようにポジティブに生きていれば、頭の中の「リトル・ピープル」から兆しがきます。その一％の閃きがあれば、あとは九九％の努力で成功します。最初に結果があるのです。エジソンは、よくいわれている経済人の成功哲学とは真逆です。最初の兆しをちゃんとキャッチすれば、あとは勝手に成功するのです。エジソンは兆しを拾う天才だったといえるでしょう。

兆しは、言葉や数字でまず現れてくる傾向があります。次に出会う人に現れ、ものにも現れてきます。いろいろなところから、同時に現れてきます。私から見ると、形になるまでけっこうしつこく現れます。それをちゃんと拾っていれば、あとは閃きともいえる兆しを形にするだけでいいのです。

八つの視点から「アイデア」を形にする

ある情報やアイデアが現れたとして、それを形にするためには、まず誰に会ったらいいか、誰と組んだらいいかを考えます。一緒に組むということは、そのアイデアはどちらにとっても利益になるということです。相手が決まったらすぐにチームを結成します。あとはひんぱんにコミュニケーションをとって、具体的に詰めていきます。

ものをつくるのか、サービスを提供するのか、その形を考えます。また、自分が教える役をするのか、それともリーダーシップをとるのか、作る側の人間になるのか、宣伝マンになるのか、などの役割もすぐに考えます。同時に、アイデアを現実化する際に科学的な情報が必要なのか、技術が必要なのか、宣伝が必要なのかを見極め、それぞれの専門分野のエキスパートの中で誰がふさわしいかを考えます。

それでも定まらないときは、一番身近で頻繁に会える人の中で誰がいいかを考えます。

その際、八つの関わりを考えます。そのアイデアが知識や知恵といった情報に関わるのか、それとも歴史に関わるのか、人間関係の拡大に関わるのか、自由であることに関わるのか、やる気になったり着飾ったりすることに関わるのか、何かを受け入れて受容的な力を養ったり優しくなったりすることに関わるのか、お金に関わることなのか、組織的なリーダーシップに関わることなのかを吟味《ぎんみ》するのです。

あとで詳しく説明しますが、じつはいま挙げた八つの関わりは、すべて易の八卦に対応した性質を表しています。運命の兆しは、八卦に現れますから、八卦のシンボルを使って先読みして、誰と組んだら強運となるかを占うことも可能です。

たとえば、情報に関わることであったら、名前にサンズイや「水」に関わる漢字のある人と組むといいのです。信じられないかもしれませんが、必要な知識や知恵などの情報が入ってきやすくなります。同様に、歴史に関係することであったら名前に「山」の字が入る人、人間関係の拡大に関わることであれば名前に「木」や草冠がある人、自由に関わることであれば名前に「風」や「布」が入ったりする人や、もともと自由人であったりする人と組むのです。

また、着飾ることや情熱に関わることであれば名前の漢字の部首に「れっか」や「火」が入る人、受容性に関わることであれば名前に「土」が入った人や優しい女性のような人、お金に関わることであれば金偏など「金」に関わる字がある人、リーダーシップに関わるのであれば、実際に何かのリーダーを担っている人や、名前に「天」や雨冠《あめかんむり》の漢字、あるいは「星」など宇宙を連想させる漢字が入っている人と、それぞれ組むようにするのです。

その八卦の性質とシンボルの関係性・関連性については、第四章で詳しく説明します。

成功できない人の4パターン

何もできない人、何もやらない人、つまり運命の兆しをうまく摑《つか》めない人は結局、アイデアを形にするための、その段取りのピースをまったく持っていない人だということが最近わかってきました。成功できそうで成功できない人のパターンというのがあります。はっきりと四種類あります。

第一のパターンは、「あっ、また閃いた！」といって何もしない人です。そういう人は、閃きがあった瞬間にもう出来たと思い込んでしまい、プロデュースをしません。しかも人と組めない人です。人と組まなければ、閃きは現実化しません。組むということは、人の喜びを優先して考えることですが、それができない。自分のアイデアだから自分だけでやる、ではいけないのです。だからいつまでたっても形にならないのです。

第二のパターンは、発想はよくて努力もする、真面目な人なのですが、とにかく自分だけが正しくて、周りが間違っていると信じ込む人です。私は「正義ちゃん」と呼んでいます。自分の正義ばかりを優先させ、その正義に反する人を許しません。その正義に反するようなことがあれば、面白くなく、世の中はダメだと嘆きます。そういう状態だと、当然人も組んでくれなくなるし、その人といても面白くないので、人が離れていきます。

第三のパターンは、とにかく運のない人です。運が悪いということは、自分の体の運び方が間違っているわけです。運のいい場所にいない人でもあります。言い換えると、運のいいものを見ていないのです。みんなで「UFOを見にいこう」といって一緒に出かけ、UFOが出てきても、その人だけ、「どこどこ」と探しているうちに見逃してしまいます。何をやってもことごとくこのようなありさまという人がいます。変な霊的遺伝子が介在しているのかもしれません。

第四のパターンは、極度にこだわりが激しい人です。そういう人は、「二〇年前に女性に振られて以来、私は被害者なのです」と言い続けたりします。あるいは、「私は悪くないのに三〇年前にあの人に裏切られて、悔しいのです。秋山さん、わかってください」といったりもします。

このように何十年も前のことなのにこだわる人は、時間に居座り続ける人でもあります。過去に座布団を敷いて居座っています。心が過去から出られない人です。まるで運の悪いタイミングを喜んでいるようにも感じます。運の悪さが好きだから、そう言い続けるのです。だから運が悪くなるものを集めたりします。その癖のせいで、人を喜ばせるチャンスが通り過ぎていくことにまったく気づきません。

この四パターンの癖のある人は、成功することが極めて難しくなります。言い換えると、この四パターンを吟味《ぎんみ》すれば、成功するパターンもわかるということです。その反対をおこなえばいいのです。この四パターンは、じつは誰もが少しずつ持っている癖でもあるわけです。自分の中で、その四パターンのどれかに引っかかっていないかをチェックして、なるべく早めに心に薬を塗ってよく癒やしてあげることです。それをおこなってくれる「薬」が、「許し」と「癒やし」と「祈り（願い）」なのです。祈りとイメージが重要な役割を果たしてくれます。

3章

「易」が解き明かす運の宇宙法則

「易」以前にもあった、運の法則の体系

運の兆しがある程度感知できるようになったら、その兆しの意味を読むことが必要になります。その読み方を体系化したのが、前章で紹介した易《えき》なのです。

運の法則を体系化した「易」が多くの人に知られるようになったのは中国です。『易経《えききょう》』という形の経典にまとめ上げられました。

ただし、運の兆しを探求した易のような体系は、中国の専売特許とは必ずしも言い切れません。そのベースにあった哲学・思想は、もっと古い時代に存在したと思われます。中東、たぶん古代メソポタミア文明の時代には、すでにあったのではないでしょうか。古代メソポタミア文明を育んだ、五〇〇〇～六〇〇〇年前に栄えたシュメール文明から易の原型がもたらされたと考えています。

なぜそのシュメールという文明を築いた人々の子孫が、後にユダヤ人と交わりながら生き残ってきたか、あるいはその長い伝統を保てたのか、と考えた場合、やはり彼らが古代においてすでに、運命の法則を体系化することに成功していたからではないでしょうか。

それこそが、真実の易のベースになったものが行動原理としてすでに存在していた傍証《ぼうしょう》なのです。そしてまさに日本人の多くは、シュメール人の末裔《まつえい》だと思っています。

一方中国では、運命の法則体系であるはずの易が、あたかもその場しのぎの占いに矮小《わいしょう》化《か》された感があります。日本でも「当たるも八卦。当たらぬも八卦」といわれるようになったのは、そのためではないかと思われるのです。それによって、実際に易の奥にある真実が、見えなくなったと私は感じています。

易の奥にあるものとは、すべての人が幸福になっていくための行動哲学、あるいは行動生活術なのです。そこにあるのは、使える技術です。幸せになるために、生活の中で実践できる実用的な技術があります。これが易の奥義《おうぎ》なのです。

まずは、易が占いの道具であるという先入観を捨ててください。易の占いの奥にあるものをきちんと見極める必要があるのです。言い換えると、易の奥義は運の法則であるということなのです。それは同時に実生活で使えるレベルの実践術でもありました。

易は見えない世界の見えない力の流れや、見えない宇宙の構造を扱っているのです。当然、西洋からもたらされた、俗にいうサイエンス（科学）ではどうやっても切り分けられないものでもあります。

心でしか測れない、幸福を明らかにする易の奥義

サイエンスは、「いつやっても、誰がおこなっても、同じことを再現できる」ということを基本的な価値基準にしています。目に見えて、誰もが同じ物差しで測れるものにのみ価値を見出す学問です。しかし人間の心は、個々人によって異なるし、目に見えないし、物差しで測れるものでもありません。

どうすれば幸福になれるか、という重要な問題について、サイエンスが答えを出すのは困難でしょう。見えない問題、共通の物差しで測れない事象を、傍《かたわ》らによけてほとんど無視しているのが、サイエンスがもたらした学術というものなのです。だから当然、易がその奥義で本質的に取り扱っている運の問題に関しては、サイエンスはまったく論述することができません。できたとしても、まったくトンチンカンな分析しかできないのです。

戦前から戦後にかけて西洋思想が入ってきて、易を科学するという試みをした人もいますが、どうしてもピントがずれてしまっているのはそのためです。あるいは、易を占いのレベルまで矮小化して、かつ統計学だなどとしてしまう人も現れました。しかし、それら

は大間違いです。易の奥義は、統計学などでも測れるものではないのです。

易を統計学で測れると考えている人は、占いとしての装《よそお》いをきれいに見せかけた四柱推《しちゅうすい》命《めい》や紫微斗数《しびとすう》、あるいは占星術が科学的だと思っている人と変わりません。易の本質は、統計に基づいた予想や占いではないのです。

ここには占いの罠《わな》があります。統計的な占いは、時間的な周期論を唱えていて、人の運の周期は時間軸で読めるのだとする傾向があります。しかし、それも誤りです。なぜなら暦も過去何度も変わっているし、東洋と西洋でも暦は違うわけで、古い暦を使って周期論をいくら唱えても、ピント外れになってしまうからです。

これに対して易の奥義は、周期の問題ではなく、この宇宙の見えない世界における力の流れ方の法則を明らかにし、その流れの波動の中に私たちがどう関わっているのかという、一番重要なところを説いているのです。これは物差しや精密な分析器でも測ることはできません。人間の心でしか測れないものなのです。心でしか測れないということは、生活の中でしか実験できないし、生活の中でしか活かせないものでもあります。

多くの人たちが、易の智を学んで、それを実践することでしか、この奥義を理解することができません。

シンクロニシティを応用した易

すでに第二章で説明したように、運の兆しを摑《つか》むためには、シンクロニシティという現象を利用します。それによって、**未来の出来事の兆しを、その場に引き寄せ、あるいは共鳴させて出現させる**わけです。

宇宙には同質のものや同じ意味のものが引き寄せられるという法則があり、この法則を利用することになります。つまり、自分の心の状態は、つねに宇宙とつながっており、その心の状態に共鳴するように物事が引き寄せられ、発生するという法則を利用するわけです。それこそ我即《われそく》宇宙《うちゅう》、宇宙即我《うちゅうそくわれ》の世界がそこにあるのです。

その現象を簡単に説明すると、それはある種の同じものが集まる磁石のようなものです。自分がある心の状態になったときに引き寄せられてくるシンボルがあると考えてください。そのシンボルに引き寄せられるように、同じ性質や意味を持つような事象が共時的に発生します。そこにはそれ以上の理由はありません。そういう法則があるということを知って、体験して、理解するしかないのです。

あるテーマを念頭に置いた自分の心の状態と同じ未来の出来事がシンボル化されて引き寄せられるようなものです。引き寄せは共鳴といってもいいでしょう。

そのシンクロニシティ現象を応用したのが易です。いまの心の状態、すなわち自分を取り巻く環境や状況、そこから見通せる未来の運命である「運命の兆し」をシンボルから読み解く方法が易なのです。

占うテーマを決め、目標や目的を定めたら、こちらの心の状態が決まります。その状態に合致したシンボルが引き寄せられて、共時的に易の卦《け》が得られるのです。「まさか」と思う方も当然おられるでしょう。しかしながら、「神はサイコロを振らない」（アインシュタインの言葉）と否定されてきた不思議な現象が、量子力学の世界で確かめられ、「神はじつはサイコロを振る」ことがわかり始めてきています。シンクロニシティという不思議な現象を知るためには、やはり実際に自分で実験して確かめるしかないのです。

森羅万象を説明する「力」の種類

運には兆しがあり、その兆しであるシンクロニシティという現象があり、その現象を読み解くために運の法則を体系化した「易」という宇宙の叡智《えいち》があることをここまで紹介してきました。しかし、それだけでは運の兆しを活用できるようになるわけではありません。運の兆しを確実に摑《つか》むには、その前段階として、この宇宙にはどのような種類の力が溢《あふ》れているかを知ることが重要になってきます。易ではその力の性質を八つに分けました。それが八卦《はっけ》と呼ばれているものです。

　最初は慣れるために、八つではなく三つの力、エネルギーに分けていました。そもそも宇宙の森羅万象《しんらばんしょう》は三つの引き出しに分けて考えなさいという教えがあったのです。天地人《てんちじん》とか、上中下とか、左右中央などの三つの引き出しです。我々はそもそも、物事を三つに分けて考える癖を持っているということもできます。肩から上、腹を中心にしたボディ、下半身と分ける傾向があるのもそのためでしょう。

　天地人でいえば、地球的・カルマ（業《ごう》＝いまの状態を引き起こしている過去の行為）的に拘束されていない、非常に自由な天的・宇宙的なあり方や起こり方と、大地の影響を受けている地球的なあり方や起こり方、それに非常に生命的で、天と地の狭間《はざま》にあって人間の肉体や命に関わるあり方や起こり方の三つがあります。

　三つに分ける思想の中には、たとえば、食物学・栄養学でも三分類がよく使われます。

三分類のシミュレーションは、アーユルヴェーダ（インドの伝統医学）に詳しく書かれています。アーユルヴェーダの風《ふう》、火《か》、水《すい》は、天地人と同じです。

日本で最初にマクロビオティックを提唱したとされる桜沢如一《さくらざわゆきかず》（一八九三〜一九六六）という思想家がいます。

彼が設立した「日本ＣＩ」という組織では、「この食べ物は体を冷やす、この食べ物は体を温める、これはどちらでもない」という三分類が使われています。桜沢は易に基づいて、その三分類をしたといわれています。この食べ物は火のエネルギーが強い、水のエネルギーが強いとしたうえで、それ以外をその他としました。ナスは体を冷やし、肉は体を温める、としたのも、この例です。科学的にはどうかと疑念を持つ人もいますが、私はこうした分類を評価しています。実際にこの分類を使って健康になった人がいると聞きます。もちろん効かなかった人もいました。

少し上級者になると、今度は四つの引き出しに分けるようになります。スワスティカ（鉤《かぎ》十字《じゅうじ》）や卍（まんじ）のシンボルに象徴される分け方です。地水火風の四大元素もその一つです。

古代医学では人間を五つの性質に分けます。五つの宇宙的な力に影響を受けていると考えます。

それが手慣れてくると、今度は木火土金水の五行《ごぎょう》、五つの元気に分けて考えるようになります。

「木」は、単なる植物という意味だけではなく、枝分かれしたり、たくさんの人間関係が結びついたり、分化したり、育ったりして、賑やかになることを表しています。「火」は単なる火ではなく、自分から力を発するけど虚《うつ》ろなものであり、形を持たないものであることも示しています。「土」は非常に長い間堆積《たいせき》して、圧力を受けて固まったものです。土ですから、細かいものが集まったり、歴史上積み重なってきたりしたものを表します。

そして、その土がマグマや溶岩にも焼かれて固まってできたのが金属である「金」となります。金というのは、さまざまな情報が結合して絡み合って最終的に私たちの役に立つような方法を伴ったものを表します。

水は、「一念岩をも通す」といいますが、水滴が長年かけて岩を穿《うが》つように、集中することによって深く掘り下げられていく状態を表します。掘り下げによって得られた知識や知恵などの情報も意味します。

ただ、ここでいうこの五行の考え方は、最終的には八つに分けて考える易の一部と見なすこともできます。

六地蔵など六つに分ける習慣もあります。

さらには七つの燭台《しょくだい》に象徴されるように、キリスト教では七つに分ける考え方も踏襲《とうしゅう》されています。

七つのチャクラ（ヨガにおける、身体でエネルギーが集結する部位）という概念もインド発だとされていますが、実際は西洋の神秘思想家であるヘレナ・P・ブラヴァツキー（一八三一～一八九一）が考えついたもので、多分にキリスト教的です。いわゆる神智学《しんちがく》の人たちが、七つのチャクラを唱えて、西洋に広めました。人間の中にあるエネルギーの性質を七つに分けたのです。

自分の内外に流れる「八つのエネルギー」とは

宇宙を三つに分けたり、四つに分けたりする思想は、だんだんと七つに分けたり、八つに分けたりする思想へと進化していきます。こうした分け方は、あらゆる占いの基礎になっています。

易は、八つに分けられたエネルギーがどういう割合で融合したり交じり合ったりしているか、内と外でどういう力同士が噛み合っているか、ということを見る宇宙観で成り立っています。

易では、自分の外側には八つのエネルギーが働いていると見ます。自分の内側でも八つのエネルギーのうちの一つが働いていると考えます。外側で働いている八つのうちの一つと、内側で働いている八つのうちの一つの組み合わせが、八×八の六四の組み合わせ、すなわち易の六四卦になるわけです。これが易の基礎的な思想になっています。

まず天地人のエネルギーを感じてみよう

このように宇宙のエネルギーを三～八分類できることが可能だということがわかったら、今度はそれを実際に感じる訓練をするといいでしょう。つまりこれは、兆しを掴《つか》むための予備的訓練です。

私たちは、天と地をいつも意識しているように思われます。宇宙のことを考えると、非常に強い力を感じ、解放感を感じます。それに理屈はありません。空を見たときに、理由もなくそう感じるわけです。グラスの底をいくら眺めても、このような感じを受けません。大地を見たときには、力とか物理的な活性力を感じます。

天をイメージし、大地をより深くイメージする、そして生き物の代表として人をイメージする。この三つをイメージするだけでも、私たちの中の何かが動きます。

私はこの三つのエネルギーを天流気《てんりゅうき》、地流気《ちりゅうき》、人流気《じんりゅうき》と呼んでいます。「気」というのは、そのイメージに沿って流れる生命力のことです。この「気」が人間の免疫力を上げたり、血流をよくしたり、痛みに対抗したりする力の源なのです。

それは体験的にも、誰もが気づいているはずです。医学ではその正体がよくわからないために、「プラシーボ効果」とか「暗示効果」と呼んできたという面があります。しかし仮に暗示だとしても、それによって発揮される生命力は、決して幻でも偽《いつわ》りでもありません。

宇宙を感じようとしたときに、なぜ癒やされて解放感を感じるかをよく分析してみてください。暗示がなくても、そのように感じるはずです。宇宙を感じると、頭がすきっとします。頭の中が解放されます。

同様に、地球の大地を感じると、何となく体が温かくなって、物の豊かさを感じるようになります。そこには足からくる温かみがあります。大地を感じると、下の方から上がってくる温かみを感じるのです。

宇宙と大地の狭間《はざま》で流れる生命の生きざまやエネルギー、すなわち人のエネルギーを感じると、やはりお腹《なか》が元気になってきます。胸が温かくなってきます。

天・地・人は、実際に暗示などなくても、多くの人が共有の感覚を持っているはずです。それは教えられたものでも、暗示にかけられたものでもなく、人間が生まれながらに感じることができる共有の感覚にほかならないのです。

見えないエネルギーは結局、体をセンサーにして感じるしかないのです。機械で計測されるはずもないので、学問として成り立つものでもないのです。

科学は目盛りで測れるもの以外は認めませんが、こうした体のセンサーで感じる感覚は、数字で計測できません。人間の本質は、そのようなものでは測れません。その人が見た宇宙は、その人にしか測れないものなのです。

ただし、その基準、ベースとなるものの見方にはルールがあります。そのルールさえ勉強すれば、あとは自由にこの世界を分析して楽しむことができるのです。そして、そのルールこそ、易の世界なのです。

自然と一体化して体を癒やす

霊的な力を感じ始めた初期のころは、誰もがしばしば自分に何が起きているのかわからず、頭で考え込んでしまいます。その八方塞がりの閉塞感を打開するため、必ず宇宙を感じようとするようになります。広い空間と自分を一体化させ、自己解放を目指します。それによって、頭の中がゴチャゴチャになることを防ぐことができます。天の気で頭の中を洗い流し、きれいにするのです。

すると、体の中にある、蓄えられた気の力の出入りが激しくなってきます。同時に大地から吸収した力を蓄えることを覚えるようになります。体の気を蓄えることができるようになるのです。その発想がないと、苦しくなってきます。体調を悪くする場合もあります。へその下五センチくらいにあるとされる丹田《たんでん》に気をためるのです。丹田とは、体内の薬の保管場所、薬をつくる場所という意味です。

丹田をイメージの中で作って、大地の気をつねに吸収して、丹田において全身を癒やす霊的な薬が生産されているのだとイメージするのです。それが丹の意味です。

元気になった自分の姿を見るだけでも、生命の気を吸収して体は元気になっていきます。たとえば、古代中国ではさまざまな動物の動きを模倣する拳法や気功法が創出されました。そもそも気功法は、方位と一体化したり、山と一体化したり、動物と一体化したりすることを基本動作にした動きなのです。気功法の気は、方位の気であり、山や森や湖の気であり、動物の気でもあります。少しずつ関節を捩《ね》じりながら、いろいろな方位に向かって気功法の動きをすることによって、体を癒やしていくものなのです。

霊感、思考、感情、感覚を意識して混乱を防ぐ

さて、三分類が感じ取れるようになったあと、四分類へと進むわけですが、その例としてインドの古い神秘思想で、寺院の地図記号にもなっている卍の哲学が挙げられます。霊感的なもの、思考的なもの、感情的なもの、感覚的なものの四つに分類する考えです。

ちょっと霊感とか霊能の資質のある人が、霊的な何かを認識すると、四つの「感」が混ざり合ってしまうため、混乱することがよくあります。それが感覚なのか、感情なのか、思考なのか、直感（あるいは霊感）なのか区別がつかなくなるのです。というのも、普通の

人と霊能の資質のある人とでは、感じ方がまったく異なるからです。

霊能の資質のある人は、その感じている情報が何を意味しているのか、それもよくわからなくなります。それでいて、次々に霊的なものを見てしまったり感じてしまうので、大混乱に陥ります。

それを分けるための修行が卍であり、四つの分類なのです。霊的なもの、思考的なもの、感情的なもの、感覚的なものの四つを意識したりイメージしたりするだけで、ずいぶんと楽になり、混乱が整理されていきます。

基本になるのは、やはりイメージなのです。イメージをしっかりと健全に保とうとしたら、霊感を少しずつ受けるオープンマインドさや直感を持ちながら、ちゃんと歴史に培《つちか》われた、測れるもの、歴史に照らし合わせて情報として溜められるものを思考して、感情を落ち着かせて、楽しませて、美しいものを見て感覚を養っていけばいいのです。

これを実践することによって、イメージが育まれてきちんと育っていくようになります。それを丹田の大地のエネルギーに直結させるのです。そのためには、宇宙の気と一つになるようなイメージを持ちながら頭の中をきちんと整理して、きれいにしておかなくてはなりません。

四つの中では感情が最もコントロールしづらいものです。コントロールするためには、宇宙と一体化するというイメージの瞑想《めいそう》を一分でも二分でも長くおこなうようにするとよいでしょう。

「五行」を管理する「精」が存在する

イメージがある程度整ってきたら、次のステップとしては、初めて自分の周りの環境と明確に交信ができるようになります。この地球上にある、さらに細かいものとも交信できるようになります。それは「精」と呼ばれるもので、五精あります。いわゆる**五行（木火土金水）**とも対応しています。

精は妖精という言葉があるように、それぞれ意志のあるものから発せられている力とチャンネルで、それぞれ管理者がいます。それらには管理する意志があるのです。この意志のことを、昔から妖精とか、精霊とか、天使とか、如来《にょらい》とか、菩薩《ぼさつ》などと呼んできました。

神道には「五臓《ごぞう》の神君《しんくん》、安寧《あんねい》なり」という言葉がありますが、五精はこの五臓の神君と同じです。五臓は、心、肝、脾《ひ》、肺、腎《じん》のことです。神道ではさらに、六根という六つのアーキタイプが登場します。眼《げん》、耳《に》、鼻《び》、舌《ぜつ》、身《しん》、意《い》です。

五行や五精の五つの力は、五臓に直結することができるのです。心臓は火というイメージの引き出しに入り、肝臓は木、肺は金、脾臓《ひぞう》は土、腎臓は水というイメージのそれぞれの引き出しに分けられます。

これは面白いエネルギーの点取りゲームのようなものです。我々の周りの環境を眺めたときに、たとえば木や花の植物があれば、五行の木を体現しているものととらえます。そうしたものを感じたり味わったりすることで、肝臓に蓄えられる生命力が強化されていくのです。植物は肝臓にいいのです。医学的にはその「木」は測定できませんが、それでも明らかに、肝臓には肝臓に特有の「木」のエネルギーが蓄えられているのです。肝臓の働きとはまったく別に、「木」のエネルギーは肝臓に蓄えられて、心を支える五つの柱の一つになっているのです。

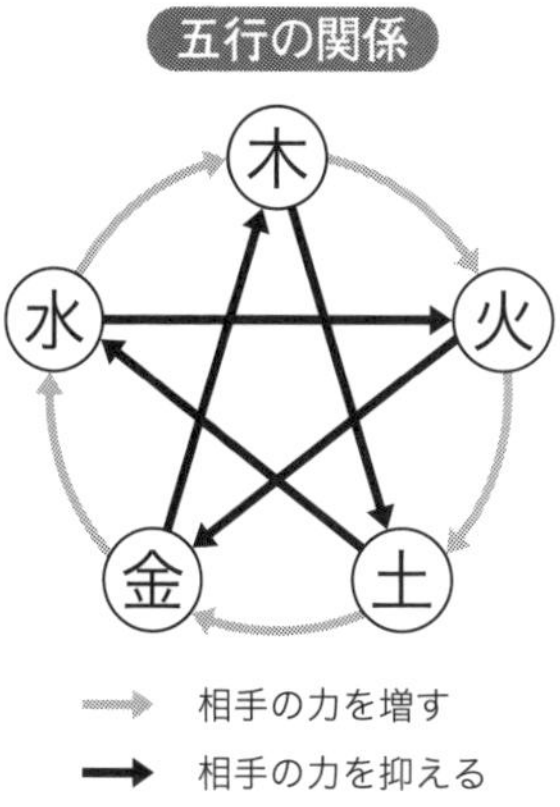

この人間の中にある五つのエネルギーの柱の姿を一番明確に描いたものが、五角形とか五芒星《ごぼうせい》と呼ばれる

シンボルなのです。これらのシンボルは、あらゆる呪術的なシンボルの中に出てきます。人が集まると、なぜか人型のシンボルや五芒星を掲げたくなるのも、そこに起因しているように思われます。たとえば、世界の国旗には、しばしば星の形が入っています。

このように五臓の神君は、五行のエネルギーを供給している意志があることを示しているのです。五行を創造する主がいるといってもいいかもしれません。昔から、木神、火神、土神、金神、水神がいるとされたことは、それぞれのエネルギーには意志が存在することを物語っているのです。

五行の力のバランスをとる

こうしたエネルギーに気づくようになったら、しばらく五行を意識して生活してみるといいでしょう。これも易の基礎修行なのです。五行を意識して生活できるようになれば、体のバランスにも気づくようになるからです。三週間これを続けると、易がわかりやすくなってきます。

どうしたら、肺に蓄えられている「金」のエネルギーを強めることができるのか、を意識するのです。そもそも自分が「金」のエネルギーが強いか弱いかを見るようにします。弱ければ強めなければならないし、強ければ弱める必要があるかもしれません。五行の力は強すぎても溜《た》めすぎてもよくないのです。バランスが大切です。

たとえば、「木」のエネルギーを自分の中に蓄えすぎると、何でもかんでも自分を抑えつけて、従順にいい人ぶろうとする性質が強くなってしまいます。上下とか左右の、いろいろな人間関係の軋轢《あつれき》の中で、キリキリと苦しみながらも、黙って微笑んでいい人を装うようになります。それはもう、「木」のエネルギーが溜まりすぎていることを示しています。

落ち着いていて、幹事役に向いていて、いい人だと評価されやすい人は、「木」のエネルギーを溜めすぎる傾向にあります。だから肝の気の流れをよくしなければなりません。溜まりすぎたエネルギーを解放させるのです。このような人は、植物を育てて、花を咲かせて、素敵な木製の家具に囲まれて生活しましょう。森にいくのもいいでしょう。

「火」のエネルギーが強すぎる人は、怒りっぽい傾向があります。感情に振り回されやすいのです。また、自分の表面的な評価を気にします。きれいなものを着ようとしたり、お化粧でよく見えるようにしようとしたり、鏡を見ては自分をよく見せようとしたりします。

しかし、人からどう見られているかが気になりすぎて、顔に泥を塗られたとか、メンツをつぶされたといった表面的なことで自分も他人も評価してしまうようになりがちです。分厚いペルソナ（人格）をつくって、その中で生きようとします。同時に他人もペルソナを被《かぶ》っているに違いないと考えて、表面的な人付き合いしかできなくなります。飾った、上辺だけの人付き合いしかできなくなっていると思ったら、もう「火」のエネルギーが強くなりすぎていることを示しています。この状態の人は、いつもイライラしたり、怒りが止まらなくなったりします。

その場合には、「水」のイメージを思い描くようにします。さらさら流れる水の音を聞き続けるだけでも治まります。火を鎮《しず》めるのは、やはり水です。そして、深呼吸もお勧めです。呼吸は無理をしていじる必要はありませんが、自分の有り余った火のエネルギーをリセットしたいときは、深呼吸しながら何か動作をすることです。

その水のエネルギーが強すぎた場合には、過去の情報にこだわりすぎて、なかなか自分のさまざまな過去に対する思いや念が捨てられなくなったり、忘れられなくなったりします。結果的にその思いや念に振り回されることになります。

金のエネルギーが強すぎた場合には、どうしても人を責めたり、人間関係を分けたり、人を評論したりすることに執着するようになります。

土のエネルギーが強すぎた場合には、何でも貪欲《どんよく》に受け入れたり、吸収したりするたびに、こだわりが強くなりすぎて、物事を手放せなくなったり、過食気味になったり、いい加減になって家の中を整理できなくなったりすることがあります。

いきすぎた場合をつねに戒めながら、その性質とは真反対のことをするなどして、バランスを取ればいいのです。

全体としては、関節を緩めるのも効果があります。肩を回しながら深呼吸するのもいいでしょう。私たちは運動をする際に、つい呼吸を止めようとしてしまいます。深呼吸をしながら、関節を開いて捩《ね》じる運動をするといいでしょう。それらはまさにヨガの動きであったり、太極拳の動きであったりします。静止しておこなえばヨガで、ゆっくり動いておこなえば太極拳、早く動けばそれはダンスです。どれも非常に有効な方法だと思います。

感覚器官に関わる六つの引き出し

次はいよいよ六つの引き出しですが、六根清浄《ろっこんしょうじょう》という思想があります。六根とは先ほどもいいましたが、眼、耳、鼻、舌、身（体）、意（心）のことです。根本的な感覚器官を掃除するイメージがそこにあります。

　人間は自分自身の運命を、体や心身で測ることができるのです。しかし、その心身の部品が壊れている場合があります。

　まず目です。どういうものを見るのか。眼は愛情や好奇心に大きく関わっている感覚器官です。好奇心を強く持つ、愛情をこまやかに持とうとする、つまり他者や周りのものに対して興味を持とうとするために必要な器官でもあります。ある種、健全な愛着を持つと、目に象徴される力が強まっていきます。

　しかし、好奇心の耕し方を失敗したり、愛情で失敗したりすると、やはり目に蓄えられているエネルギーは弱くなります。目をかけたり、目がかけられなくなったりするという表現を使うのは、このためです。人の愛情を得られなかったり、好奇心を向けられなかったりすると、元気がなくなり、目も当てられなくなります。

　次に耳は、音と関係します。音には、自然の音や音楽、声などがあります。音が人間を癒やすのは、説明の必要もないと思います。絶大な効果があります。耳は寝ている間も閉じません。ずっと脳に情報を運んでいるのが耳です。

　鼻も、手や道具でつままない限り、自力では閉じません。鼻が嗅《か》ぐ香りは、人間の記憶情報と非常に深い関わりがあります。匂いで記憶が蘇《よみがえ》ることはよくあります。「俺」や「私」というときには、だいたい自分の鼻を指します。凝り固まっている人がリラックスしたいときには、鼻をこするといいでしょう。血流量は鼻から上がっていくからです。

この鼻が、匂いを通じて、他者の情報や外界の空気と交信していることは間違いありません。鼻は自我の表現体でもあります。ですから自分の自己像に自信がなくなっていくと、どうしても鼻がつまりやすくなったり、ぐずついたりするようになります。「鼻持ちならない」と人を責めたり、逆に人から責められたりします。

舌は当然、味と関わっています。おいしいものが何か。本来舌は、生物毒、カビに対して敏感な器官だったはずです。そのカビが非常に危険だから、醤油や塩、ワサビ、辛子といったカビの繁殖を防いだり、生物毒を殺す素材が発達しました。

次に全身は、全体が感知器です。

この辺りが寒く感じるとか、この辺りがほぐれるとか、この辺りが凝《こ》るというのは感知器が働いている証拠です。温泉も一〇種類入ると、一〇種類とも効果の感覚が違うことがわかります。体の感覚でしかわかりません。温泉はわかりやすい方で、みんながだいたい同じ評価をします。鉄分の強い温泉は、長く入るとくたびれます。硫黄温泉もその傾向があります。湧き水を沸かした鉱泉は、どのような人も癒やされます。

最後に体の奥にある心も感覚器官なのです。心はイメージの入り口の部分を司っています。だからこそ、「自分の心はいい環境にあるのだ、そしていい情報が優先的に入ってくるのだ」と考えるべきです。

「私の心は荒《すさ》んでいて、悪い情報ばかりが入ってきて、嫌な人が周囲にいます」などとは、考えないようにしましょう。すべてが心のイメージ次第なのです。

これらの六つの引き出しは、私たちの能力の調整器官としての役割があるのです。

八卦が示す、外界と内界がつながる世界

最後が、八つの引き出しを持つ八卦です。**坎《かん》艮《ごん》震《しん》巽《そん》離《り》坤《こん》兌《だ》乾《けん》**。別の言葉でいうと、**水山雷（木）風火地（土）沢《たく》（金）天**となります。最終的には、内と外、内界と外界、潜在意識と顕在意識という世界が出合います。

内界の物質宇宙と、外界の精神宇宙は、潜在意識の中で集合無意識（心の深層に存在する人類に共通するパターン）を介して接続されています。内部と外部が、人間という生き物に

とっては、量子論的につながっているのです。自分の尾を呑み込んだウロボロスの蛇のような状態です。太極図の状態といってもいいでしょう。

この代表的な八つの引き出しの関わり方、バランス、割合といった要素をよりはっきりと明確に示し、記憶力の糧《かて》にしたり、環境をとらえるものの見方に変えていったりすることができるのが、八卦であり易なのです。易は最終的には医学や学術論にまで応用されていきました。

中国では昔、灌漑《かんがい》治水《ちすい》工事をおこなっていると、その上空に巨大な亀が現れて、その亀の甲羅の縁に、易を表す模様が描かれていたと伝わっています。洛《らく》という時代にそれが与えられたので、洛書と呼ばれています。それを写し取ったのが、易の基であるとの説もあります。

易は、最初にそれが起こったのはシュメールであったと私は考えます。シュメールの粘土板に、宇宙からやってきた超知性体のアヌンナキが知識をもたらしたという話が刻まれています。その伝説が中国に伝わったのだと思います。

潜在意識と顕在意識、内界と外界がつながるシンクロニシティのパターンが、易に記されているのです。シンクロニシティという現象で、外界と心の中（内界）が交信するのです。その交信を日々続けています。これをしっかりと読み取るのが、易占なのです。易は、潜在意識と外界のシンクロニシティの究極のアルファベットであり、究極の通信手段です。それは同時に、宇宙の知性体からもたらされた究極の宇宙教科書とも呼べるものなのです。だから、運の流れを知り、運の意味を理解することが可能なのです

心身の調和に必要な八つの力「八卦」

以上が、人類が運の宇宙法則とも呼べる易に辿《たど》り着いた経緯です。

易はまさしく、人生のジェットコースターを乗り切るための、すなわち幸運を引き寄せて幸せになるためのガイドの役割を果たしているのです。

人生に失敗しないためには、自分の心と肉体を調和させなければなりません。その調和に導いてくれるのが、八つの力を結び付けるための智を授けてくれる易なのです。

蓄積された記憶と、学んできた手法が非常に大事になります。とくに自分が好きなものや好きな情報が、大きな役割を演じます。

自分の偏りを調和させてくれる八つの力を順番に見ていきましょう。

❶坎《かん》——一つのことを掘り下げる

どのようなテーマの情報でもいいのです。それをコツコツコツ掘り下げることは、必ず自分を幸せにします。幸せの基軸は、自分にしかできないことや、自分でしか掘り下げられないことを見つけることにあります。そして、そのテーマの達人になろうとして歩みを始めることが大切です。

すぐに達人になれなくてもいいのです。でも好きなことであれば、ずっと続けられるはずです。長く続けても、まったく苦しくなりません。

私にも経験があります。私自身は最初、一三歳のときにＵＦＯを見たり、スプーンが念で曲がったりするなど神秘体験をいろいろしましたが、当初私が体験した精神世界をあまり好きになれませんでした。神秘体験など気味が悪いと思っていましたし、恐れもありました。その恐れを払拭《ふっしょく》するために、いろいろな人に会いにいき、さまざまな意見を聞いて回りました。精神世界の分野の達人たちで、社会でもある程度認められている人たちに片《かた》っ端《ぱし》から会いにいきました。

すると、そこで直接出会って見聞きした、霊感のある人や不思議な現象を研究している人たちの語り口や生きざまがたいへん面白かったのです。

そうした人たちと会話をすることによって、不安や恐れが払拭されました。気味の悪さも薄れていき、精神世界が興味のある、楽しい世界へと変わっていったのです。精神世界が好きになりました。もっと学びたい、体験したいという気持ちが溢《あふ》れ出し、私が教えてもらったように、いつかほかの人にも私の体験や生きざまを教えたり伝えたりして、人を喜ばせる人生を歩もうと考えるようになりました。以来、半世紀近く、精神世界をコツコツと掘り下げる探求者となっているわけです。

一三歳はまだ子供ですから、学問的ベースなどないし、世の中の右も左もわからないころでした。それでも私の奥にある霊感とか直感が、この世界を掘り下げて生きてみろといっているように強く感じました。まだ不安に思っているけど、きっと面白くなるという直感があったのです。

最近、「何をやったらいいかわからない」という質問をよく受けますが、本当に何でもいいのです。ちょっとでも心が動かされるものがあれば、それをとにかくコツコツコツコツ掘り下げてください。その分野の先哲や先輩たちに首《こうべ》を垂れて、その人に喜ばれるように立ち居振る舞いながら、その人の生きざまを学んでいくようにしてください。

じつはこれが、易の八卦でいうところの「坎」なのです。掘り下げるという性質を表しています。言い換えると、掘り下げることを楽しむのが「坎」です。

❷艮《ごん》——歴史を知り、発展させる

易はその次に「艮」という諭《さと》しがあります。これは積み上げることを楽しむという意味があります。自分の中での知識を積み上げていくことを象徴しています。そして先人たちが培ってきた歴史に接続させるのも「艮」の力です。

大学院で修士号や博士号の論文を書くときには、一種のしきたりがあって、まずは、先人たちが残した先行研究を調べることから始めます。そして、その先人たちが残した研究の遺産を木にたとえると、どの部分の枝を伸ばしていくのかを明確にする必要があります。若い枝を伸ばして、木をバランスよく大きくしていくのです。

枝は歴史の先に伸びていく未来です。若々しい植物や草花は、深く積み上げられた山の上で賑やかに生えそろっていきます。私たちの文化も同様です。山がないと発展しません。それが「艮」であり、歴史や伝統というものなのです。

問題は、歴史が人によっていろいろと偏っていることです。それだけに、いろいろな人の意見を聞いて、バランスよく歴史を見なければなりません。歴史を偏って信じ込んでしまうと、右や左に傾きます。すると、思想に振り回されたり、派閥に振り回されたり、国家間に振り回されたりします。困ったことになります。

❸震《しん》――仲間を育む

次に現れる卦は、広く仲間と生きることを模索する「震」です。ヒューマン・チェーン（人間関係）の力でもあります。この力を得るには、同じ志を持つ人、同じものを求める人の中に入っていくことです。

「私一人で研究するのだ。ほかの人はいらない」という態度の人は、なかなか成功しません。研究するのが辛《つら》くなるし、楽しくありません。同じ目標に向かって歩いている人の中に、より積極的に入っていく方が、はるかに楽しいし、研究も進むはずです。仲間、同志をつくることをおろそかにしてはいけません。

❹巽《そん》――自由を楽しむ

仲間をつくる一方で、自由を謳歌《おうか》することも重要になってきます。社会や仲間から離れて、自分独りでも自分を楽しませることができるようにならなければいけないのです。自分を解放したり、集団社会から切り離したりして、一人哲学や思索にふけるのも、バランスを取るためには不可欠な要素です。瞑想したり、好きな音楽を聴いたり、好きな本を読む時間やおいしいものを食べる時間を作ってください。

自由に魂を泳がせるのです。自分自身を楽しませる技術をぜひ身につけてください。それはもう、自分でしかできません。自分を楽しませるのは、自分でしかできないのです。どんなに素敵な人がいてドキドキと心をときめかしても、ドキドキしている自分をコントロールしない限り、それは苦しみに変わります。自分自身の殻《から》を破って、ブレイクスルーしてください。

❺離《り》――見栄えよく、自分を表現する

自由を謳歌できるようになったら、次は表面を美しく飾る「離」です。外の世界に関心を持って、外から自分がどう見えるかということに関心を持って、それを楽しむのが離の性質です。ファッションはもちろん、表情や言葉、文をつむいだり、絵を描くなど、自分だけの表現を楽しみながら創造してください。自分で楽しんで作っていくという姿勢が必

要になるのです。

流行のヘアスタイルや服装をバカにしてはいけません。興味を持ってファッション雑誌を見てみるのもよいでしょう。小説やエッセイ、詩などを読むことも大切です。そして美しいものに対する感性を磨いていきましょう。

❻坤《こん》――寛容さを保つ

次に必要になるのは、大地や母のように優しくする力をつけることです。母親はどんなにやんちゃな子供に対しても、何かあると必ず受け入れてくれる存在です。いつでも受け入れてあげるということができる力を持っています。

その「いつでも何かが起きたときに優しくしてあげる」という変わらない姿勢、普遍の寛容性を鍛えることが大事だと教えてくれているのが、「坤」なのです。人間の能力として、この優しさを持てることが大切です。

❼兌《だ》――他人に受け入れられる力を持つ

何かを人に信じてもらったり、受け入れてもらったりする力を養うことの重要性を示しています。人間は、お金を払えばたいがい、にっこりとして受け入れてくれます。また、説得力があった場合でも、人は受け入れてくれます。人が受け入れてくれるには、経済と情報と表現が組み合わさったパワーが必要なのです。これが「兌」の力です。

誰に対しても安定して、平等に表現ができるようでなければなりません。そのやり方を知ることが大事です。

❽乾《けん》——人の上に立つ力を持つ

最後に、他者も自分も含めて、その分野で何か抜きんでた個性を発揮する、人と比べられない自分になるということを求める個性力とも呼べる力を示しているのが、「乾」です。いわゆるリーダーシップ、統率力と呼ばれる性質がここにはあります。

以上が、八卦である坎艮震巽離坤兌乾の八つの力に相対する私たちの重要な心構えなのです。

運の流れを知り、運の意味を理解する

この八つの力をつねに完璧に使いこなすなど、到底できません。しかし、そこに至る道程をつねに考えていくのです。そして、**いつも「何が欠けていたのか、何が欠けているのか」を自問自答していく**ことが大切です。

たとえば、好きなことに没頭しすぎて、いざ外出したら服がボロボロで垢《あか》だらけであったなどということがあるかもしれません。集団の中で、その集団に頼りすぎることによって、自分からその集団に対して何か訴えることをしなくなるケースも出てきます。逆にあれこれ主張を唱えすぎて、たくさんの人の話を聞くことを怠っていたかもしれません。

八つの力に相対して私たちが取るべき心構えや、伸ばすべき能力、あるべき姿というのは、結局のところ八つのバランスをつねに取るようにするということです。何が欠けているかつねに考えるようにしてください。

コツは、自分にとってやりやすいもの、比較的簡単にできることは、どんどん掘り下げていってその力を最初に伸ばすことです。そのうえで、欠けている力が何なのかを把握し

八卦バランスのチェックシート

坎：一つのことを掘り下げる
艮：歴史を知り、発展させる
震：仲間を育む
巽：自由を楽しむ
離：見栄えよく、自分を表現する
坤：寛容さを保つ
兌：他人に受け入れられる力をもつ
乾：人の上に立つ力を持つ

自分のバランスを〝見える化〞してみましょう！

て、足りない力を補っていくようにすればいいのです。

易を実践するということは、運がどうかといって口をポカンと開けて何かが起こるのを待っていることではありません。自分から世界を変えるために、どのようにバランスを取ればいいかという方法論が易の実践には不可欠な要素です。本当の意味で理想のバランスのいい生き方への近道を示してくれるのが、易だといっても過言ではないでしょう。

易によって、宇宙がこの八卦のバランスの中で調和が取れていくのだということがわかってくると、運の流れを知ることができるようになります。宇宙はバランスを取るために、欠けている方角の力を取り戻すように動くからです。その運が現在、どのようなバランスの状態にあるかを知る手段が易占であるともいえます。

もちろん、バランスといっても、左右のバランスだけ見ても全体はわかりません。上下を見なければならないし、前後斜め左右上下すべてにバランスが存在します。それをわかりやすく八卦というバランスで見た場合、どのような状態になっているかを六四卦でみるわけです。

つまりその時点で、運がどのような流れ、運がどのような偏りを見せているかを知り、その意味を理解させてくれるのが易の役割なのです。

占いの根本にあるシンクロニシティ

易は最古の都市文明を開花させたとされるシュメールからのメッセージでもあります。シュメールは、ユダヤ教のカバラや、イスラム教やキリスト教や仏教にも影響を与えています。四大宗教の源流にシュメール文明があるのだということを再認識して、もう一度多くの宗教人や知識人が勉強し直す必要があると思っています。

しかも易は、誰もが理解できるように簡単にわかりやすくできています。本当に大事なことは、占星術のように複雑にすればいいというものではないのです。易がわかると、本当に人生観が変わります。いろいろな事象、森羅万象の動きを的確に読み取ることができるからです。未来を察知することすらできます。

私自身が、この何十年間、易を中心として顔相術や手相術、瞳占いから体相術、星座占いまで、あらゆる相術・占術を研究した末に辿り着いた結論は、「占いの根本にあるものは、シンクロニシティである」ということなのです。

シンクロニシティは、量子論と共通する宇宙観に基づいた現象なのです。そのシンクロニシティの奥には人類の潜在意識や集合無意識があり、それは宇宙意識と呼ぶべきものとつながっています。たとえていうなら、宇宙意識の言語を分析する語学、あるいはツールとも呼べるものが易なのです。

易という考え方の根本は、間違いなく宇宙からもたらされています。シュメール文明の時代に、アヌンナキという宇宙の高度知性体が地球上に文化や科学技術をもたらしたとみられますが、その中に易的な考え方があったとみています。

というのも、易をひも解いていくと、宇宙人がいたとしか思えなくなります。その宇宙人が地球の文明に多大な影響を与えたということの証《あか》しが、易であるといってもいいくらいです。

そして大事なことは、現在も易は色あせることなく、私たちが未来を察知するために、大いに使うことができるのです。個々の人生に活かすことができるだけでなく、個々の閉塞感を解放させることもできます。そのように感じます。

易はそれほど重要な思想であり、哲学であり、宇宙の法則を解き明かす重要なツールなのです。ですから、後世にぜひともしっかりとしたものを残さなければなりません。歴史を含めた、易のすべてを網羅《もうら》した、みんながわかりやすい運の兆しを摑む「易の教科書」をつくりたいと思いました。それが本書の目的であります。

それでは次の章では、易を使ってどのように運の兆しを摑み、その意味を知るかを具体的に見ていきましょう。

「易」と「三種の神器」

●奥義は三種の神器の中にもあった！

もともと、易《えき》のベースにある奥義《おうぎ》は、世界中で同時多発的に発生したと考えています。それが一番よくまとめられた最古の時代の記録は、シュメールにあっただろうと思われます。だからこそ、後の時代にユダヤ人の説くカバラや、古代中国人がまとめた『易経』が生まれたのではないでしょうか。

　ユダヤ人がなぜ、キリスト教徒からキリストを裏切ったユダの末裔《まつえい》だと差別され迫害されても、これだけ世界的に発展できたのかというと、そこにはカバラがあったからだと思われます。古代中国人と同様、古代ユダヤ人は易やカバラのベースにあるシュメールの奥義を知っていたのです。私たちもそこに学ぶ必要があります。

　そもそも日本には、古くからシュメールの直系の人たちがきていて、生きるための絶対法則ともいえる、その奥義を残した痕跡《こんせき》があります。それは古神道や古い山の宗教といわれるような古伝的な宗教哲学の中に見て取れます。それは言葉や文字というよりも、構造的な形とか、所作《しょさ》やしきたりの中に散りばめられています。古くから伝わる儀礼のシンボルの中にもそれはあります。

　たとえば、日本には古くから三種の神《じん》器《ぎ》があります。三種の神器とは勾玉《まがたま》、両《もろ》刃《は》の剣、そして八《や》咫鏡《たのかがみ》です。八咫鏡の多くは八角形の中に丸い鏡があります。

　三種の神器も、易のもとの一つで、本当はそのもの自体が大事というわけではありません。概念的なものが先にあって、神器はそれに当てはめて作っているだけです。史実の鏡や剣や勾玉のことをいっているわけではありません。スピリチュアル・シンボルとして、最初にその三つがあったということです。八咫は「偉大な」という意味だと思います。または「孤高の」という意味です。比べようもない、ということです。人間の根底にある神性を表しています。

　三種の神器は、シンボルの意味が非常に重要だったのです。そのシンボルの意味がわからなければ、神器の意味もわかりません。じつは、人間の心にとって最も実用的な三法則を表しているのが三種の神器なのです。

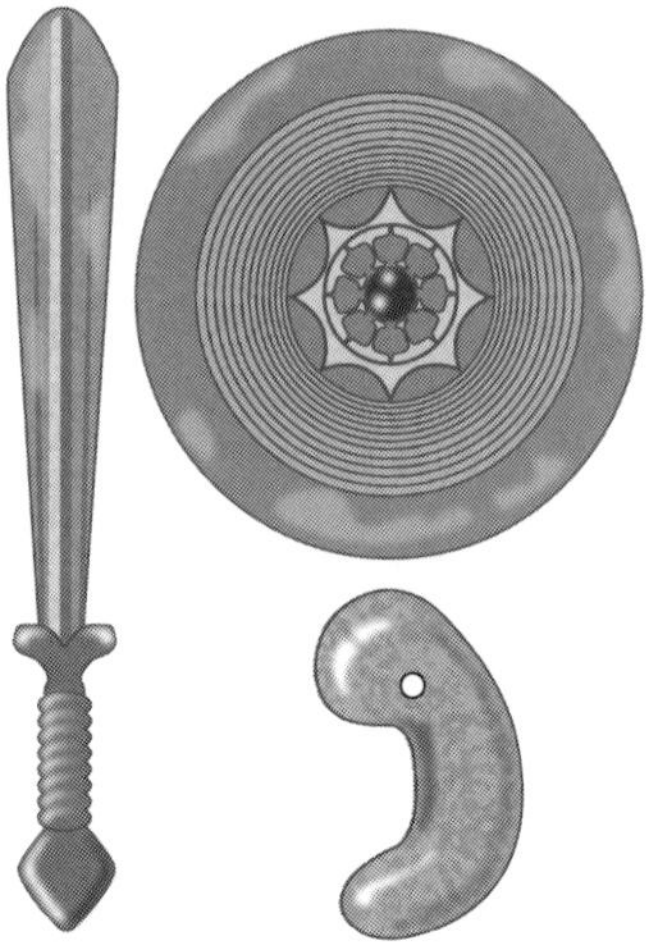

三種の神器の想像図。右下が勾玉、左が両刃の剣、右上が八咫鏡

●勾玉：陽の世界で生きる「心の形」

第一に勾玉ですが、これは複合的にいろいろな使い方をする霊的な道具です。それを翡《ひ》翠《すい》という「パワーストーンの王様」でつくるわけです。勾玉は笛にもなるし、体のツボを刺激するつぼ石として利用して、宇宙のパワーを体の中に注入することにも使えます。同時にそれに触れれば、心に直接作用して心を落ち着かせる力を持つパワーストーンでもあります。

しかし、勾玉の最も重要な点は、太極《たいきょく》図《ず》といわれる陰陽が丸の中で交わるシンボルにあります。その陰陽の交わりの片側である「陽」の部分が勾玉なのです。表に現れてくるもの、人を発展的に導くもの、豊かになるもの、明るくなるものなどを総合的に表すのが、陽の世界です。陽の世界を目指すということを心に誓うための形が、勾玉に込められています。陰陽図の光の部分です。

太極図

陽気に生きるためにはどうしたらいいかを示してくれるのが勾玉です。陰気で、いつも辛《つら》くて、死を考えるような人生ではなくて、毎日面白い、楽しいと思える人生を歩むためにはどうしたらいいかという哲学が、勾玉という形に込められています。

決して宗教的なシンボルではありません。その奥にある、陽の世界で生きるという生きざまを表しているのです。

●両刃の剣：陰陽のバランスの重要性を象徴

次に、両刃の剣は何を意味するかというと、柄《え》を見てもわかるように、片側が男性のシンボルでもう片方が女性のシンボルになっています。その女性のシンボルから両刃の剣の刃の部分が伸びています。柄はそのことを象徴しています。

陰陽、男女というものの彼岸《ひがん》に立つこと、バランスを取ることの重要性を示しています。正確にいうと、縦のバランスを示しているのが柄の部分で、横のバランスを示しているのが刃の部分です。横のバランスとは何かというと、自分と他者とか、あなたと私、あるいは外と内という問題のバランスのことです。節分では「鬼は外、福は内」といって豆をまきますが、これも同じ内と外のバランスを表しています。

私たちは生きている以上、どうしても自分や他者にこだわります。その偏《かたよ》りが生じます。他者の顔ばかり見て（自分のことが見えなくなって）苦しくなるかと思えば、自分のことばかり主張して他者を傷つけて生きることによって、恥をかき続けて最後は孤独になるという生き方もあります。

この両極端が、人間にとってとても辛《つら》く、恐ろしい、そしてぜひとも避けたい年の取り方を示しています。

これに対して、他者にもできる限り楽しくなってもらって、自分もできる限り楽しくする自他共楽・自他共進という生き方、そして男女がお互いを理解し合うという男女和合という生き方が人を幸せにするのです。そのことを明確に示しているのが、神話に登場する天叢雲剣《あめのむらくものつるぎ》やエクスカリバーという両刃の剣です。自他共進、男女和合のバランスの取れた状態こそが、未来を切り開くことができる剣を持った人生であり、新しい世界を見ることができるという意味なのです。そうでなければ、剣は振るえないのです。

●八咫鏡：神、創造主を表す

最後は、デフォルメされた八枚の花弁をあしらったような、中央部が大きな丸い鏡である八咫鏡です。これは、自分の中にある最も美しい、最も高貴な世界を表しています。つまり、神そのものです。よく鏡が神棚の中央に飾られるのは、そのためです。

ここでいう神というのは、宇宙の果てに存在する天御中主大神《あめのみなかぬしおおかみ》とか、宇宙の創造主を表していいます。鏡は、この宇宙のすべての力が発生した起点を表すのと同時に、じつは自分自身の中にもそれとまったく同じものがあることを明確に示しています。神と人は鏡合わせなのです。

時の権力者は、代々あらゆる国で宗教を利用してきました。だから宗教は堕落していったのです。

堕落した宗教の特徴は、人間は穢《けが》れているとか、罪があるなど、人間の自己像を貶《おとし》めることばかりすることです。だから宗教家は、あるとき突然誕生した唯物論の共産主義を標《ひょう》榜《ぼう》するカール・マルクス（一八一八～一八八八）に勝てなかったのです。

マルクスはある意味、人間の平等を説いたのと同時に、それまで権力者に抑えつけられていた心の解放を促したという側面もありました。そして「人間側がすべてで神は死んだ」というマルクスの革命思想は、ロシア（旧ソビエト連邦）や中国という巨大な共産主義国を生み出しましたが、結局それらの大国がどのようになり、どのような生きざまを晒《さら》しているかということは、ご覧のとおりです。

鏡は、神と人間、宗教と唯物論という対極を超えた生き方を示しています。

確かに神は存在します。神はこの宇宙を見えない力で司っています。宇宙のもととして、つねに生きて、人格を持って私たちを見ているのです。神は私たちとつながっています。同時に私たち自身の中にも、神と同じ鏡があるのです。そしてそこに神を映し出します。我即宇宙、宇宙即我というような、神殿としての自分の肉体が映し出されます。その神殿の中央部分には、やはり神と同じだけの力が、こんなにも小さい人間の心の中にもあるのだということを示す鏡があるわけです。

私たちは、この不自由不自在の物質世界の中で、ある意味、パッケージをされて生きています。私たちの人生は、どうやら私たちが選んで始めたトレーニングなのだと考えるべきなのです。ジムにいってバーベルを持ち上げたり、腹筋運動をしたりするのと同じです。負荷を与えて、自分の心を鍛えているのです。

ちょっと負荷がかかる不自由不自在の中で、より自由自在を見つめてみよう、味わってみようというトレーニングなのです。もともと自由自在の中にいた生命は、それが当たり前になってしまうと、自分たちが自由自在であることに気づけなくなってしまうのです。不自由不自在という反対側に立つことによって、つまり形のある世界（物質世界）に生まれることによって、私たちは自分の中にある神を認識しようとしているのではないでしょうか。

運の法則を考えるうえで、そのことに思いをはせることは非常に重要な作業だと思っています。

●三種の神器と易が物語る宇宙の真理

ここまでの話をまとめると、まず三種の神器の意味を知り、自己像を絶対的な宇宙と同一であるととらえることが大切です。自分の本質の奥にある自己像を絶対的なものであると見るのです。私たちの先祖は、そのことを三種の神器のシンボルに託しているのです。三種の神器の意味は、その物質そのものではなくて、そのシンボルをしっかりと理解することに意味があるのです。三種の神器は天皇だけが保持するものではありません。すべての人が保持すべきシンボルの教えなのです。

　この三種の神器と易がどのように結び付いているかというと、この宇宙は「宇宙共通語」ともいえるシンボルで表され、そのシンボルの組み合わせで事象が発生するという根本的な宇宙の法則を、どちらも物語っているということです。この宇宙は陽と陰が絡む複雑な組み合わせとバランスで出来上がっているのです。その組み合わせやバランスが運という流れを生みだすのだと考えることもできます。

4章
「卦」から兆しを読んで願いをかなえる方法

易を立てて、兆しを知る方法

陰と陽の二進法の世界

易《えき》の六四卦《け》は八卦の六四通りの組み合わせであることはすでに述べました。その**八卦の一つ一つは、陰と陽の二つの組み合わせ**パターンで表されます。陰は「⚋」で陽を「⚊」の記号で表します。日本で占いを司《つかさど》る役職を陰陽師《おんみようじ》というのは、ここからきています。「八卦よい、のこった」という掛け声で知られる大相撲も、もともとは「運命の兆し」をつかむ八卦占いのための行事・神事だったと考えられています。

その八卦を実際にどう記すかというと、たとえば、1の天のエネルギーに相当する「乾《けん》」は陽を下から三つ重ねた「☰」です。同様に2の沢に相当する「兌《だ》」は下から陽陽陰を重ねた「☱」、3の火に相当する「離《り》」は下から陽陰陽を重ねた「☲」などとして表します。この**陰陽の組み合わせが八通りあるので、八卦**なのです。八卦の記号は119ページの表に記しましたのでご覧ください。〇と一の二進法で世界を構築していくコンピュータは、まさに陰と陽で宇宙の六四のありさまを描く易と同じような概念を用いているということもで

易占の仕組み

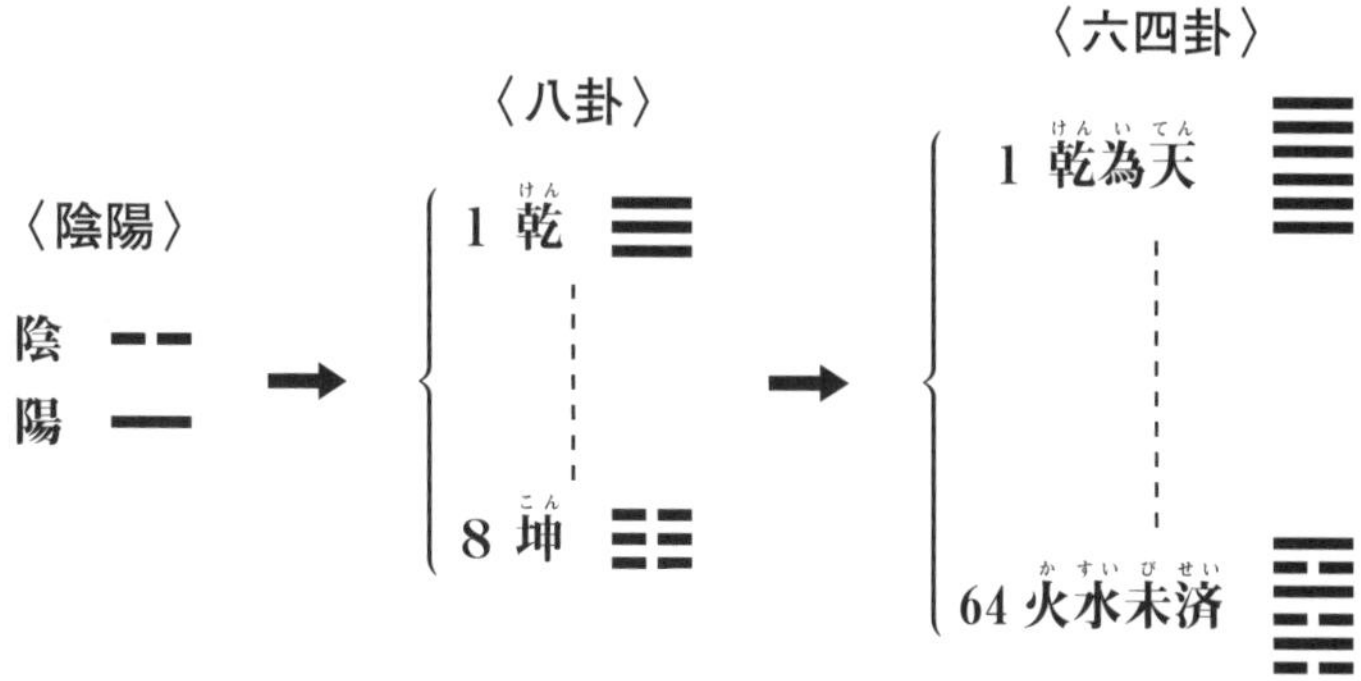

きます。

易の立て方（六四卦の出し方）は、非常にシンプルです。筮竹《ぜいちく》をじゃらじゃらさせて占うイメージがありますが、一番簡単なのは六四それぞれの卦が書かれた札（カード）を作って、それをめくって占う方法です。

コイントスでも易は立てられる

カードを作るのが面倒だという人は、コイン一枚あれば十分に占うことができます。たとえば、五〇〇円玉を一枚用意してください。コイントスをして表なら陽の記号を、裏なら陰の記号を記していきます。それを六回繰り返します。その際、一回目のコイントスの結果が一番下に、六回目が一番上にくるように記していきます。この「下から記していく」というのがポイントです。

コインを使って易を立てる方法

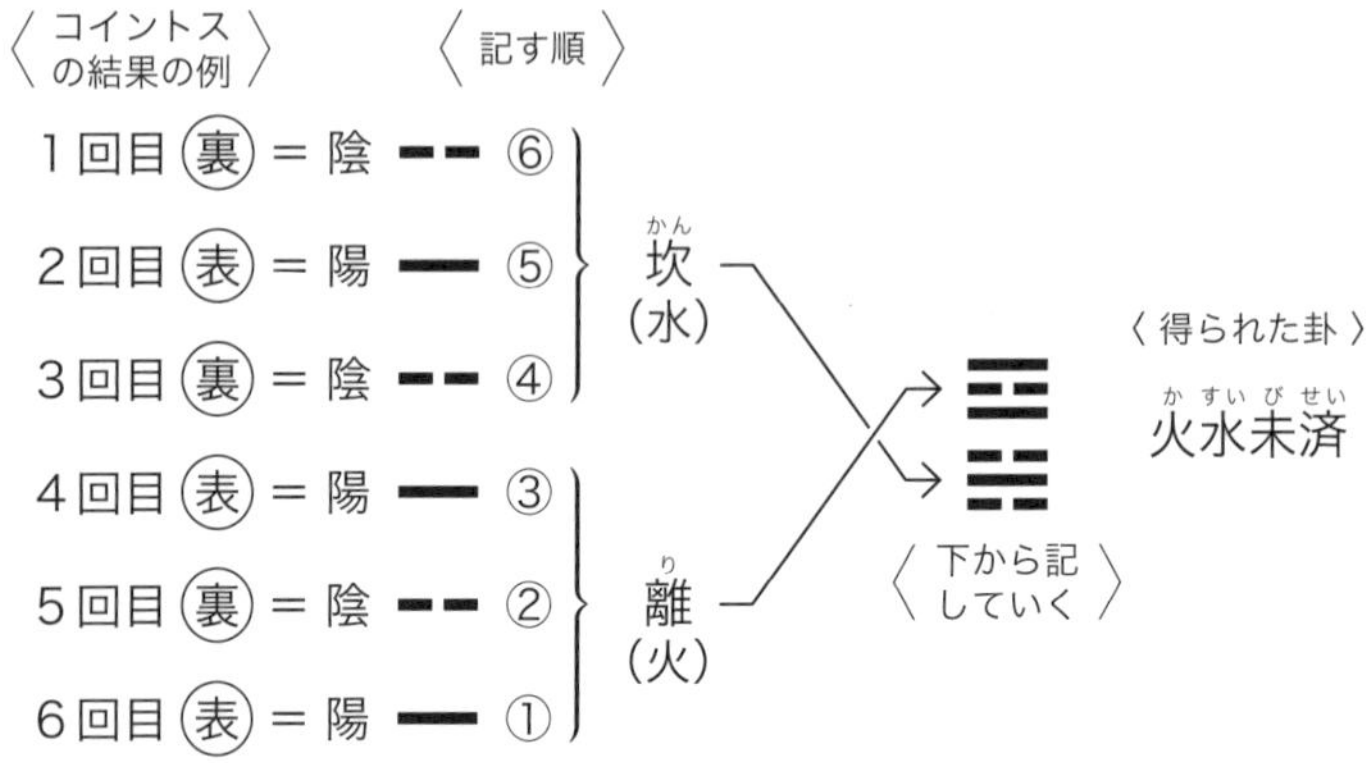

六四卦はこの六つの陰陽の組み合わせで決まります。たとえば、「陰陽陰陽陰陽」と出たとすると、「陰陽陰」が「水」に相当する「坎」を表し、「陽陰陽」は「火」である「離」を表します。これを下から記していくと上の三つが離の火で、下の三つが坎の水ということですから、「火水未済《かすいびせい》」という卦（231ページ）が得られるのです。

コインでなくても、サイコロの偶数、奇数でも同様に六四卦が得られます。偶数が出たら陰「--」、奇数が出たら陽「—」として、同様に下から順に記していきます。

ちょっと遊び心を入れた易の立て方としては、女性を陰「--」、男性を陽「—」に見立てて、すれ違った道行く人の性別で決める方法もあります。たとえば、朝自宅を出て、最初にすれ違った人から六人目までの性別で易を立てます。もちろんその際も、下から性別の陰陽の記号を順に記していきます。自宅から出なくても、たとえば「いまから、家の窓から見えた人の姓別で占おう」と決めて、易を立ててもいいわけです。

八卦はまた、八つの数字、八つの方角、八つの色、八つの形なども相対関係にあります。118～119ページの表をご覧ください。たとえば、天に相当する乾《けん》は数字の1、方角は北西、色は灰色、形は円や丸です。

この八卦が象徴するそれぞれの形や数字、色などを使って易を立てることもできます。たとえば、偶然に選んだ四つの数字で占う方法もあります。裏返した麻雀牌から二牌ずつ二回選び、その合計の数字を八卦の八で割って、余りを出します。合計が八以下であればそのままその数字を使います。具体例を挙げると、最初のペアの数字が三と四だったら七で、山に相当する艮《ごん》が導き出されます。これが下の卦となります。

次のペアの数字が八と九だったら、これを足すと十七ですが、八で割った余りは一となるので、一の天に相当する乾となります。これが上の卦となるので、「天山遯《てんざんとん》」という卦（216ページ）が得られます。

同様に形や色を使って易を立てることもできます。六四卦のそれぞれの意味は200ページ以降に「あなたの未来を暗示する六四の運の宇宙法則」としてまとめてありますので、それを参考にしてぜひ、易を立ててみてください。

その易占によって出てきた卦が、あなたの心の状態や、直面している「運の兆し」の意味、その対処方法を的確に教えてくれます。占うテーマが具体的であればあるほど、答えもそれだけ深まります。

すべては「変える」ことができる

このようにして立てる六四卦には、面白いことに順番があり、一から六四までの番号がふってあります。

これは、**数字順に人間の一生を大括《くく》りに見**

方角	場所	人物	体の部位	趣味
北西	景勝地、高い所	父、祖父	首、脳、頭	武道、宝飾品集め
西	水際、谷、沼	少女、巫女	肺、表皮、毛	歌、グルメ、おしゃべり
南	乾燥地、火山地帯	次女、仮面の人	瞼、心臓	パソコン、文芸
東	賑やかな場所	長男	肝臓、目、筋肉	園芸、お花
南東	草原、花園	長女、教祖	股、呼吸器	キャンプ、ゲーム
北	川、池	次男	耳、血液	水泳、釣り
北東	山、丘陵	末っ子、三男	肩、骨、背	陶芸、登山、園芸
南西	田園、平地	母、老婦人	腹、脾臓	陶芸、文芸

たときの春夏秋冬に見立てているとされています。たとえば、その一番目の「天」が二つ並ぶ「乾為天《けんいてん》」は、オギャーと生まれたときの私たちの状態を表しているのです。この「乾為天」は、「宇宙の王者の想像力」の意味であるとされています。つまり、すべてのことができる力の種が、誕生とともにすでにそこにあるということになります。

　まずここをしっかりとらえないと、運の法則は理解できません。というのも、この意味を知らないと、運を変えるスイッチが入らないからです。

　たとえば、いま自分がフワフワした状態にあり、生きざまが定まらないとしましょう。人生の目的が見つからないでフラフラしてい

「八卦」とその象徴

記号	数字	色	形	自然	特徴
乾《けん》（☰）	1	灰色	円形	天	リーダーシップ
兌《だ》（☱）	2	白と金	三日月	湖、沢	コミュニケーション
離《り》（☲）	3	赤	三角形	火	熱意
震《しん》（☳）	4	青と緑	長方形・円柱	木	人間関係
巽《そん》（☴）	5	紫	波打つ形	風	自由
坎《かん》（☵）	6	黒	割れ目、穴	水、滝	集中
艮《ごん》（☶）	7	藍色	凸	山	継続、続行
坤《こん》（☷）	8	ピンクとオレンジ	正方形	大地	受容

る状態です。私のところに相談をしにくる人の中でも最近、そういう悩みを持っている人が多く見られます。年老いた人は「老後はどうしたらいいか」とか、「あちこち痛い」とか、「病気だけどどうにかできないか」とか、目先の陰の世界、マイナスの世界にとらわれて目的がいまひとつはっきりしていない人が多く目につきます。

しかし、どのような状況にあっても、どのような年齢であっても、最初に運をよくしようと思ったら、まず「自分の中に神と同じ宇宙の欠片《かけら》があって、宇宙の力のしずくがある」ということを、初心に返って思い出すことです。これが唯一の方法です。

そしてどんな状況にあっても、この瞬間から変えられることを知るということです。どんなにひどい状態でも、勾玉《まがたま》のように陰の世界を陽の世界に変えていけるのです。陰の世界は、単に光の影に入ったにすぎないのです。私たちは宇宙の光明体なのです。ここからすべてを変える力を持っているのだという自己像に対して絶対的信念を持つことです。

運のスイッチをオンにする習慣

この世はすべて絶対であるとは限りません。対極があります。右があれば左があり、善があれば悪があるなどといろいろ考えてしまうのがこの世界です。

しかし、自然界には善も悪もありません。どんどん生み出して、どんどん殺したり破壊したりしているだけです。日本神話でイザナギが冥界《めいかい》でイザナミにいっているとおりです。「（イザナミがイザナギの国の人々を一〇〇〇人殺すならば）私は一日に一五〇〇の産屋《うぶや》を建てよう」と。それによって、一日に一〇〇〇人の人が必ず死ぬ一方、一日に一五〇〇人の人が必ず生まれるのであると、『古事記《こじき》』に書かれています。

多くの人が生まれ、多くの人が亡くなるという凄《すご》い運命の荒波の中で、私たちがどうサーフィンするかが、私たちの役割であり、修行なのです。

ここで重要なのは、サーフィンをしている私たちは、最初から波そのものに呑まれるのではなく、波の上に立つ存在だということです。そういう素敵なサーフィンをすると決めることが肝要なのです。

この体がそれをできると思うことが大事です。朝、鏡を見たときに、「ああ、ひどい顔をしているな。ポンコツだな。自分は生きるに値しない。人生が嫌だな」と思いながら、不承不承に鏡の前で顔を洗って歯を磨きますか？

それとも「このような顔をしているけれども、その奥には必ず神の美しい光がある、全知全能がある、宇宙と同じ力がみなぎっている。さあ、今日も自分のための一日が始まる」と考えながら、顔を洗って歯を磨きますか？

前者では運のスイッチは入りません。後者を選んで初めて、運のスイッチが入るのです。運を変える、運をよくするスイッチが入るようにしてください。

そうはいっても、確かにスイッチが固くなりすぎて、なかなか入らない人もいることでしょう。スイッチは何度も何度も入れるようにしないと、すぐにさびついて動かなくなるのです。そうならないためにも、つねにスイッチが入るようにしておくことが大切です。少なくとも毎朝、三種の神器《じんぎ》が象徴する「鏡」の前でおこなってください。

釈迦《しゃか》は「オンマニペメフム」という言葉を残したといわれています。サンスクリットで「泥沼の中でも蓮《はす》の花が咲く」という意味です。釈迦には、人間の本質が見えていたのです。蓮の花はまさに神々しい部分のことです。全知全能の部分を表しています。一方、鼻から鼻水が、耳からは耳垂れが、口からはよだれが、お尻からは排泄物《はいせつぶつ》が出る人間の肉体は、いってみればドロドロの汚い沼のようなものです。その人間の体の中にも、どんなに人間を卑下《ひげ》しようとも、どんなに人間の醜《みにく》い部分を見ようとも、必ず蓮の花が咲くのです。
釈迦はそのように感じたに違いありません。

釈迦はこの直感から、すべてを変えることが可能であることを悟《さと》ったのだと思います。そして後世の人々に、そのことを蓮の花にたとえて残したのではないでしょうか。

運を決める八つの力のバランスを学ぶ

その次に重要なのは、そのために何を受け入れるか、何を学ぶかということです。易の二番目は、「土」が二つ並ぶ「坤為地《こんいち》」です。これは地面が奥深く割れるように、深く受け入れるという意味です。

まずは、自分をどう表現し、自分がどういう目的に向かうかをはっきりさせます。その際に大事なのは、深くいろいろなものを学び、受け入れるということです。

たとえば、「私は凄《すご》いのだ」という人がいます。「私は将来凄くなるのだ」と吹聴《ふいちょう》する人もいます。しかし、いつまでたっても凄くならない大ボラ吹きのような人が時々います。こういう人は何ができていないのでしょうか。自分を信じる信念は人並み以上に強いのです。ここまではいいでしょう。「なぜ成功しないのか」とか、「なぜ人を癒やすことができないのか」という掘り下げができていないのです。何も学ぼうとしていないから、そうなるのです。自分に必要な知恵を受け入れていません。
そういう人は、自信だけはあるけれど、家族関係は滅茶苦茶、やることなすことわがままで、結局周りの人を不幸にしている、ということがよくあります。このとき自分に必要な知恵とは、坎《かん》艮《ごん》震《しん》巽《そん》離《り》坤《こん》兌《だ》乾《けん》という八つの力の意味とそのバランスを学ぶことです。

未熟な人は、まず完璧を求めてしまいます。完璧を求めてしまうから挫折《ざせつ》するのです。それを繰り返しています。

何かに集中するにしても、集中することを味わうだけで、集中してから次にどうするかがわからない人もいます。むやみに挑戦して壁に激突するだけの人もいます。当然、体中アザだらけになるし、最後は気絶するのがオチです。

そうなると、人生で身動きが取れなくなります。激しくぶつかって失敗した人は、「自分が変われる」などということを、もう信じられなくなります。「ここまでやったのに、変えられなかった」と思い込んでしまうからです。「ここまでやったのに、うまくいかなかった自己像」を確信してしまいます。それではうまくいきません。

智は永遠の探求なのです。探求し続けることが重要なのです。人生を続けるということが大事なのです。自分で選んで、自分で続けてみて、結果を出すということが必要だから、無理して激突したり、無理に人を振り回したりしたら、失敗するに決まっています。

運命の流れは六四卦の「サイクル読み」でわかる

六四卦の一から六四までの順番が人生の春夏秋冬のサイクルとどう対応しているかも見ていきましょう。この法則は、人生のより小さいサイクル、たとえば、三〇年、二〇年、一〇年、一年、半年、三か月、一か月、あるいは一週間といった短期間のサイクルでも、それが当てはまる場合もあります。より厳密にいうと、そのサイクルは三・五の倍数、すなわち三・五時間、三・五日、七時間、七日で起こる可能性が高くなります。

ですから、**人生においてもし、自分が置かれた状況に近い卦があったら、それを解決する方法は、その次の卦の内容を読めば自ずとわかります。**私は六四卦の「サイクル読み」と呼んでいますが、自分が置かれている状況を突破したり、先に進んだりする方法は、六四卦の次の卦を読めばいいのです。

たとえば、いまの自分の状況が三六番目の「地火明夷《ちかめいい》」だったとします。この卦は闇に閉ざされた状態です。この状態から抜け出すには、三七番目の「風火家人《ふうかかじん》」の状態を読めばいいのです。この卦は「家族に見守られてアットホームな愛を育む」という状態を意味します。つまり、「希望の火が消えそうになったら、家族に立ち戻れ、家族の愛に立ち返れ」というわけです。

二三番目の「山地剝《さんちはく》」は剝奪《はくだつ》された状態を指しますが、その際は二四番目の「地雷復《ちらいふく》」を参考にします。この卦は誰にも頼らずに、とにかく回復を待てという意味です。人に奪われたと思っているうちは、自分でやりなさいという意味も含まれています。

同様に三九番目の「水山蹇《すいざんけん》」は目前に障害がある状態を示し、蓋《ふた》をされていることを意味しています。それに対する答えとなる四〇番目の「雷水解《らいすいかい》」は、雪が融けるまで待ちなさいということを意味しています。塞がれていると思ったら、自然が解決してくれるから、それを待て、という意味でもあります。

四七番目の「沢水困《たくすいこん》」は苦難・困難という意味ですが、そういう状態に陥っていると思ったら、四八番目の「水風井《すいふうせい》」が解決策を教えてくれます。この卦は、井戸のことを指し、その地下に眠る水脈は人間の潜在意識に眠るパワー、すなわち直感力を意味します。井戸から水を汲み上げるように、潜在意識から直感を得て困難を打開すればいいことがわかるのです。追い詰められて困り果て、苦しいときは、直感があなたを導いてくれるのです。直感がくるのを待たなければなりません。それで直感がきたら、運命に革命が起こります。それが四九番目の「沢火革《たくかかく》」、「革命のとき」という意味です。

本当にうまくできています。つまり易は、一番よい解決方法のヒントが次の卦にあるのです。人生の指南書として『易経』は完璧であるといえるかもしれません。運命の流れは、この六四卦のサイクル読みでわかるのです。

「人生の四季」の変遷を象徴する六四卦

六四卦が人生の春夏秋冬をどのように表しているかも、簡単に説明しておきましょう。すでに説明したように、人間は生まれてきたときは、まず一番目の「乾為天《けんいてん》」の状態なのです。この卦は、「王者の創造力」という意味で、春夏秋冬を司る宇宙のパワーが、すべて私たちの味方になっていることを示しています。そもそも私たちには巨大な力があり、いつでも準備されていることがわかります。じつは赤ちゃんほど巨大な力を持っているのです。その力は生みつけられているものです。

その次の卦は「坤為地《こんいち》」であり、すべてを受容する状態を表しています。それは赤ちゃんも同じで、言葉を受け入れ、両親の愛を受け入れ、空の青さを受け入れ、自分の肉体を受け入れ、大地の恵みを受け入れる状態が続きます。

三番目の卦である「水雷屯《すいらいちゅん》」は、努力と持続力という意味です。すべてを受け入れたことによって、苦しみや困難などの障害が訪れますが、その障害を毎日の努力と持続力によって乗り越えなければいけないと教えています。それは幼児が毎日の努力と継続によって、肉体や精神を養い、鍛えていくさまそのものです。やがて、言葉が話せるようになったり、立って歩くことができるようになったりします。

次に必要となるのは、四番目の「山水蒙《さんすいもう》」で、自分の未熟さを理解して自覚することです。そして、五番目が慌てずに積極的に待つという状態を示す「水天需《すいてんじゅ》」の卦が続きます。未熟さを理解しても、喚《わめ》くな、暴れるな、もがくな、恥だと思うなということを諭《さと》しています。すぐに大人なる必要はないわけです。焦らずに、コツコツと積極的に勉強しながら、機が熟するのを元気に待つ状態です。この辺りまでが幼稚園から小学校低学年にかけての幼少期でしょうか。

幼少期の後半になると、そこで待ち受けるのは、「闘争と激突」を意味する六番目の「天《てん》水訟《すいしょう》」です。自我の芽生えとともに、人とぶつかり合うようになります。そのときは自分を制御することを学ばなければなりません。それが七番目の「地水師《ちすいし》」の状態です。この卦は「自己制御」という意味です。

ひとつひとつの卦に込められた、成長のプロセス

易の面白いところは、ここにあります。つまり、相手に問題があると思ったときは、自分を変えろ、自分で何とかしろという卦が出ます。逆に自然の障害にぶつかったと思ったときは、気長に待てという卦が出るのです。

次に学ぶのは、八番目の「水地比《すいちひ》」で、親和力という意味です。未熟だということがわかり、湧き上がる闘争心を自己制御しなければならないことや人と親しむことの大切さがわかったら、九番目の卦である「風天小畜《ふうてんしょうちく》」に移り、不安定に揺れ動く自分を抑える勇気を学びます。

それでも長い人生では、意図しなくても「虎の尾を踏む」といったようなピンチに立たされることがあります。その状態を表しているのが、一〇番目の「天沢履《てんたくり》」です。このときやってはいけないことは、恐怖心から虎に挑みかかって戦ってしまうことです。それは

自分で自分の首を絞《し》めるようなものです。

逆にそのピンチを脱出するには、一一番目の「地天泰《ちてんたい》」が役に立ちます。冒険したり、無謀なことをしたりせずに、心を安らかにして、穏やかな態度で平和と安定を真っ先に考えなければいけないと、この卦は諭しています。何か問題が起きたら、とにかく目指すは平和と安定です。

その後、停滞と逆境を意味する一二番目の「天地否《てんちひ》」という状態になります。あまりいい運気ではありませんが、焦らずに誰かと協力すれば、窮地《きゅうち》を脱することができます。それを示しているのが、「協力と公平」の状態を意味する一三番目の「天火同人《てんかどうじん》」です。この卦は、周囲の人たちと協力しながら一つの目標に向かっていく重要性を説いていますが、同時に協力し合うなら、公平性や公明正大であることが重要であるとも指摘しています。

協力と公平がうまくいけば、一四番目の「火天大有《かてんたいゆう》」という「大量に所有する」という状況になります。まさに宇宙を動かしていくパワーを持っている状態です。

しかしながら、次に求められるのは、そのようなパワーを持っていても、「謙虚さと柔和さ」を失ってはいけないということです。それを明示しているのが、一五番目の「地山《ちざん》謙《けん》」です。自分の力を過信することなく、誇ることもなく、一歩引き下がった慎み深い態度でいるなら、どんな物事もうまくいくということを示しています。

実際、謙虚さと柔和さを保っていれば、春を告げる雷鳴とともにチャンスは必ず到来します。それを示しているのが、一六番目の「雷地予《らいちょ》」です。長く苦しい冬を経て、ようやく地上に芽吹いた種子があなたなのです。熱意と行動があれば、夢はどんどん実現していきます。社会に飛び立つ機は熟したのです。積極的に行動することによって春（青春）を謳歌できるわけです。

社会人にソリューションを提示する「夏」

青春の旅立ちが終わっても、人生は続きます。社会人になったらなったで、いろいろ試練が前途に立ちはだかっています。その一つが、「喜び従う」「従順」を意味する一七番目の卦「沢雷随《たくらいずい》」です。自分の意見ばかり通そうとしないで、人のいうことによく耳を傾け、できるだけ素直に従ってみてください。空気を読んだり、時には状況に身を委《ゆだ》ねたりすることも重要です。それと同時に、自分の第六感に従うことも大事であることを、この卦は示しています。

しかしながら、従うばかりだと、やがて陥るのが「腐敗」という罠《わな》です。それが一八番目の「山風蠱《さんぷうこ》」です。先輩や先人に従うばかりで、前例を闇雲《やみくも》に踏襲していくことによって、組織や社会が腐敗するわけです。

腐ってしまったら、その病巣は大胆に切り捨てなければなりません。一九番目の「地沢《ちたく》臨《りん》」がいみじくも教えてくれているように、その時がくるのを待つのです。これまで培ってきた第六感をフル回転させて、チャンス到来を待ちます。

病巣を摘出した勢いで、何でもかんでも取り除いたり破壊したりすればいいというものでもありません。必要なのは、二〇番目の「風地観《ふうちかん》」が指摘しているように「観察と熟考」です。広い視野と深い洞察力で状況を観察する時期がやってきます。情報収集の時です。

やがて、その集めた情報や知識をじっくりと消化して身につける、二一番目の「火雷噬《からいぜい》嗑《こう》」が到来します。この卦は「噛み砕く」とか「噛み合わせる」という意味があり、物事をわかりやすくしたうえで、お互いの意見や考えをうまく合わせる重要性を唱えています。

お互いの意見が合ったならば、次にやることは、二二番目の卦である「山火賁《さんかひ》」が示すように、決まったことを華やかに飾り、より確かなものにすることです。そうすれば、状況はますますよくなっていきます。

その後、二三番目の「山地剝《さんちはく》」が示唆しているように、大事なものが奪われたり剝奪されたりすることがあるかもしれません。そういうときは、無理に行動するのは危険で、二四番目の「地雷復《ちらいふく》」がいうように、状況が回復し、運勢が大きく好転するのを待てばいいのです。

回復後に必要になるのは、二五番目の「天雷无妄《てんらいむぼう》」がいうところの「素直さと無邪気さ」です。この卦は、妙な作為をせず、本来の力を正しく引き出していくことの大切さを象徴しています。

その次に必要になってくるのが、二六番目の「山天大畜《さんてんたいちく》」が意味する「蓄積と抑止」です。物事が停滞する中、行動を抑制しながら情報や知識、資金などいろいろなものを貯《た》める時期なのです。

ほぼ同時に、易では疲れた心身を養う「養生する」を意味する二七番目の「山雷頤《さんらいい》」が現れます。これは顎や口に関係する卦で、食物の栄養や精神的な栄養を摂取する必要性を説いています。しかしながら、蓄積も養生もやりすぎはいけないと戒めているのが、二八番目の「沢風大過《たくふうたいか》」です。木は水によって養われますが、水が多すぎると腐ってしまいます。この時期は、自分のキャパシティを超えた負担を抱え込まないようにする必要が出てきます。同時に自己過信も禁物です。

過度な負担や自己過信は、二九番目の「坎為水《かんいすい》」の状態へとつながりやすくなります。この卦は深みに落ちて「溺れる」という状態を示しています。下手《へた》に動くと、どんどん深みに嵌《は》まっていきます。ここで思い出さなければならないのは、三〇番目の「離為火《りいか》」の状態に自分がいるということです。この卦は、「まといつく炎」という意味で、いろいろな人との感情のまとわりができてしまった状態を指します。人間関係が雁字搦《がんじがら》めになっている状態ともいえます。その状態に気づいたら、一歩下がって少し冷静になることです。

その際、「感情のもつれ」を解きほぐすヒントを教えてくれるのが、三一番目の「沢山《たくざん》咸《かん》」です。この卦は「感情の交流」という意味で、一方的な感情の押し付け合いではなく、お互いの心を通わせ合う人間関係を構築する重要性を説いています。

人間の感情を学んだ後、必要となってくるのは、三二番目の「雷風恒《らいふうこう》」で、「持久力」を持てという卦です。何かを続けることの大切さを訴えています。

このように一七番から三二番までの卦は、大人になり、社会人になったあと、自分が発展していくプロセスで、どういう問題に突き当たり、どのように解決していったらよいかが説かれています。

人生周期の最後は「未完成」

一番目から一六番目までは、春夏秋冬の春でした。一七番目から三二番目までは人生の夏で、三三番目から四八番目までが秋、四九番目から六四番目までが冬なのです。

その秋の最初が「逃げろ」という意味の三三番目の「天山遯《てんざんとん》」というのは、面白い順番です。なぜこの卦が三三番目なのかは謎なのですが、ここでいう「逃げる」は、「バイバイ。さようなら」といって一目散に逃げることではなくて、視点を変えるという意味だと思います。それまでのこだわりを捨てて、そのこだわりから離れなければならないことを諭《さと》しているのだと思います。

逆にいうと、いままで積み上げてきた経歴や肩書を全部捨てて、新しいことに挑戦しなさいといっているように思われます。それが「勇気ある逃走」の本当の意味であり、人生の秋のテーマなのです。

三四番目から四七番目までは説明しませんが、人生の秋の最後に相当する四八番目の卦が「水風井《すいふうせい》」であるのは、非常に意味深です。この卦は、井戸から水を汲み上げている状態を表します。直感を大事にしろという意味ですが、飲み水のように、ふだんあるのが当たり前になっているものや人を大切にしろという教えでもあります。それは宇宙から生かされているという自覚のもとに、人間としての基本に立ち返るということでもあります。

しかし、これだけでは収まらないのが人生です。人生の冬も波瀾《はらん》に富んでいます。四九番目からの冬は、いきなり「革命」を意味する「沢火革《たくかかく》」の卦から始まります。自分の殻を脱ぎ捨てて、新たな環境で自己変革をするときだと告げています。

その後も、「鍋で煮る」「大逆転」、「不動」、「緩やかな発展」、「未熟」、「豊かさ」「放浪」「自然体の魅力」「重なる楽しみ」「春の予感」「節度」「誠心誠意」「あと半歩の勇気」という意味を象徴する卦が続き、最後の一つ手前の六三番目の卦で、「水火既済《すいかきせい》」に至ります。この卦は、「すでに済んでいる」つまり「あるべきものが、あるべきところに収まっている」ことが示されています。

ところが、実際にその人がバタンキューと倒れて亡くなるときに示される最後の卦は何かというと、六四番目の「未完成」を意味する「火水未済《かすいびせい》」なのです。一つ前の「水火既済」の陰陽が逆転して、「まだ終わりではない」「まだ完成していない」と告げられます。

そして、それは一番目の「乾為天《けんいてん》」につながります。

このように、六四卦はサイクル読みするようにできているのです。毎日、人生の諭《さと》しとして、読経のように諳《そら》んじても、いいくらいです。そして、いま現在が六四卦のどの卦の状況にあるのかを確認したうえで、その日その日や、中長期的にどのような姿勢で諸問題に取り組めばいいのかを決めていけばいいのです。

少なくとも、六四卦を易の教典として、人生に迷ったらサイクル読みをしてみてください。そうすれば、だいたい解決方法がわかるはずです。

易は単なるポジティブシンキングではありません。人生のサイクルのパターンがあることを如実に示しています。すでに説明したように、この六四卦のパターンは何日、何時間という小さなサイクルから、何年、何十年、一生という大きなサイクルまですべてに存在するのです。人生のどの瞬間においても、自分の運命のタイミングを計るためには、なくてはならない手段であるのは間違いのない事実なのです。

易はポジティブシンキングの欠点を補う

六四卦を見るときに重要なのは、いまの自分が六四卦のどこにいるのかをしっかりと見つめることです。それは同時に、いまの自分を謙虚に、偏りなく、正しく見つめることができるかということでもあります。

それというのも、人間にはやはり「認める」「見つめる」という作業は難しいものなのです。自分を見つめたくない、認めたくないという人がほとんどです。そうなると、自我の暴走や傲慢《ごうまん》さが台頭してきます。すると、ますます自分を客観的に、公正に見ることができなくなります。

ポジティブシンキングの欠点はここにあります。人間には自分を甘やかしてしまう人たちが多いのです。ですから、ポジティブに考えれば何でもうまくいくというのは、大きな間違いです。それでうまくいったら、苦労しません。そして、苦労している人たちを「ネガティブだからだ」といって切り捨てるのは、乱暴で無責任というものでしょう。

国民性がポジティブシンキングともいえるアメリカは、政治も社会も問題山積で行き詰まっています。日本はそのアメリカを真似したために、いまはどうしたらいいのか、何が何だか訳がわからなくなっている状況だと思われます。そうならないためにも、易の六四卦の知恵が必要なのです。

人間は恐怖からも学ぶことがあります。恐怖の感情が現れたら、いま自分が何を恐れているかをはっきりと把握することが大切です。

奪われることを恐れていれば、それは二三番目「山地剝《さんちはく》」です。希望がなければ三六番目「地火明夷《ちかめいい》」です。「嫌だ、嫌だ」といっていれば一二番目「天地否《てんちひ》」です。「奪われるのが嫌」というのは、プライドが奪われるのが嫌だという場合もあれば、恥をかくのが嫌だという場合もあります。意外と、この「恥をかくのが嫌だ」というところから人間は問題をこじらせて、状況を狂わせてしまうことが多いのです。博打《ばくち》ばっかりしている人、お酒ばっかり飲んでいる人、煙草ばかり吸っている人、見栄を張って嘘ばかりついている人などを、私はたくさん見てきました。

そういう人たちに、「それをやめることを考えたことはないですか」と聞いても、ほとんどの人が納得しません。納得させるのは至難の業です。彼らは繰り返し、「いまの生き方は正しいのだ」と自己説得していますから、それが分厚い鎧《よろい》となってやめることを拒みます。しかし、もし彼らの人生が正しいのならば、何かの問題を抱えて苦しむはずはないのです。

彼らは、「正しさ」の「正」が文字どおり一線で止めるという意味であることを知りません。ゆえに、止めることをせずに間違った「正しさ」を頑なに信じ込んでいるわけです。

「正しさ」とこだわりは紙一重です。だから、その違いがわからなくなりやすいのです。宇宙の法則の一線に自分を合わせてきちんと生きているのか、あるいは単に恐れからこだわりを握りしめて、自分の偏ったプライドを捨てられずに生きているのか――この生き方によって、幸不幸の人生が決まります。

宇宙の法則の一線に乗っているときには、スーッと楽しく、面白く物事が進むものです。もちろん些細《ささい》な障害はあるでしょう。普通に歩いていても、石に躓《つまず》くことはあるし、人がぶつかってくることもあります。いわゆる「小難」です。その小難をいかにこまめに打ち消していくかが大事なのです。そうしないと、大きな、本当のポジティブシンキングができなくなります。

何でも「ポジティブシンキング」と念仏のように唱えて、小さなポジティブシンキングばかりしている人は、小難を恐れて避け、小難から逃げまわるようになります。

これに対して、大きなポジティブシンキングは、ネガティブな部分から逃げることなしに、丁寧に小難を一つ一つ乗り越えていくところに真価があります。

「一度分けて、統合する」ことの意味

もう一つ大事なことは、自分を、離れたところから見ることができるかということです。人間や宇宙を、ポジティブとネガティブ、善と悪、精神と物質などの二元論の外側から見ることができるか、ということでもあります。

じつは現代人が直面している問題はここにあります。科学と精神世界が二元論的に分断されていることが問題なのです。ユリ・ゲラーのスプーン曲げが話題になった一九七〇年代、科学は精神世界を認めていました。経済人類学の研究者・栗本《くりもと》慎一郎《しんいちろう》のようにアカデミズムの学者がこぞって超能力の存在を肯定していたのです。

しかし現状は、マスメディアなどが結果的に対立を煽《あお》り、科学が超能力を否定する方向にいってしまいました。これは科学と精神世界の双方にとって非常に不幸なことです。というのも、この二つが二元論として切り離されると、科学は精神世界がもたらす人類の本当の幸せを追求できなくなるので暴走する一方、科学という客観的な拠《よ》り所を失った精神世界は独善的な幸せばかりを追い求めるようになり、迷走する可能性が強くなるからです。

心や宇宙は、立体的に学び、摑《つか》むしかありません。科学と精神世界が手を組まないと、心や宇宙を人類が理解することはできないのです。

ただし、一旦分けて見ることには意味があります。学問もそうであるし、易もそうです。そして、この世界もそうです。一旦分けるのは非常に重要なことです。全体を知るには、分けたうえで両方を知り、そして両方を再統合する必要があるからです。分けて統合する――これで「智」という作業は完結します。

言葉で分けて、数字で分けて、形で分けて、心で分けて、そして分けたうえで再統合します。未来の幸せや繁栄という目的のために再統合するのです。

科学を担う人たちが、分けて線引きするだけで、それですべてを終えたと思っているなら、科学は決して人間を幸せにしないでしょう。幸せを目指さない科学に未来はありません。幸せとは、再統合の形そのものであり、再統合の結実そのものです。再統合は、未来に咲く幸せの花なのです。

イギリスのエリザベス女王が亡くなって、イギリス連邦の国々の中で、箍《たが》が外れたように、君主制から共和制への移行の声がちらほらと上がっているのは象徴的な出来事です。目指すべき目的を忘れているから、そのような声が上がるのです。

世界がバラバラになり、私たちの文明がここまで混乱をきたしているのは、精神世界側の独善性にも問題はありますが、精神世界を科学から切り離し、分けるだけで精神世界を重んじなかった科学も、その責任の一端を担っています。この状態は、精神世界と物質世界が再統合されなければならないことを明確に示しているのです。

分けることのもう一つの意味は、分けてバラバラにしてシャッフルするためでもあります。当然、分ける前と再統合したあととでは、別の組み替えになります。だから分けるのだともいえます。

しかし、ここにも問題があって、分けることに夢中になるあまり、なぜ分けたかを忘れてしまう人がいることです。分けてどうするのか、という問いを途中で忘れてしまうのです。そうならないためには、まず分けて何がわかったのかをよく検証することが重要です。分けて理解するのです。つまり、再び幸せになるためには、分けたものをどうしたらいいかを知るということです。もちろん、知るだけではダメで、再統合して幸せにならなければいけません。

宇宙や世界というのは、分けることと統合することの連続なのです。それによって、より幸せに近づいていくのです。

「易」と他の占いとの違い

●占星術の不都合な真実

易《えき》と同じように、運を計る手段として使われるものに、占星術があります。

とにかく日本の精神世界では、占星術、考星術（学）がもてはやされてきました。書店の精神世界コーナーにいっても、占星術絡みの本で埋め尽くされているし、占星術絡みで説明することが大流行です。

その背景には、「占星術こそ学術的なのだ」「占星術こそ完成された統計学だ」という思い込みもあるように思われます。

しかし、そうした思い込みに対して私は、昔から疑問に思っていました。

私が占星術に着目しないのは、占星術の根拠が間違っていることが周知の事実だからです。精神世界では根拠を突き詰めないという暗黙の了解のようなものがありますが、じつは占星術に関しては根拠云々以前に、いまの占星術がもともとかなり問題のある計算ミスから出発しているという事実があります。

ミッシェル・ゴーグラン（一九二八～九一）というフランスの統計学者は、このような疑問から星と人間の関係の統計を再検証しました。しかし、占星術を信じている人と、占星術を批判している人の間に挟まれて、精神的に追い詰められて自殺しています。占星術論争は、宗教論とも絡んでいて、キリスト教の人たちは、占星術だけは片方の目をつぶって、占星術を神学的にも実質的に許容しています。

　しかしながら問題は、占星術の古い本に、はじめから星座を中心にして角度で星を見るという角度計算に致命的な間違いがあったことなのです。

　それによって角度が足りなくなるなどしたため、別の星座（たとえば蛇《へび》使い座）を入れるなどして、ごまかしていたのです。とくに蛇使い座を入れて一三星座にするというのは、イギリスでは占星術を揶揄《やゆ》するパロディとして生まれた、一種のジョークにすぎませんでした。

　ところが日本では、それが翻訳され出版されると、あたかも一三星座占いという新しい星占いが出現したかのようにもてはやされたという経緯があります。

　だからといって、この空前の占星術キャンペーンを無視するわけにはいきません。密教がおこなう密教占星術とキリスト教系の占星術でも結果は少しずつ違います。占星術絶対主義がもてはやされ、侮《あなど》ることができないのも事実ですが、それは「信じることによって当たったと思い込む」暗示の範囲を出ることはありません。

●当たったように思えるカラクリ

もう一つの大きな問題は、占星術では複雑な計算方式を提示して、「こういう問題にはこういう計算がある」などともっともらしく天球図を示して、角度とか配置を細かく解説していることです。じつは人の心とは何も関係がないことなのに、さも関係があるかのように説明しています。四柱推命、紫微斗数《しびとすう》、気学にはその傾向が見られます。私には、そうした複雑な計算式はほとんど意味を持たないように思われます。

さらに大きな問題は、いったん大衆に信じられてしまった占いは、実際より当たったように見えてしまうことです。その最たる例が血液型占い・血液型性格判断です。みんなが信じることによって、それが本当になってしまうこともあるわけです。

血液型性格判断は、政治的な意図があって意図的につくられたものです。しかし、面白いもので、一〇〇年間信じられたことは、そのようになってしまうのです。Ａ型の血液の人はＡ型の血液性格であると思い込む、あるいは信じてしまうという現象が起こるのです。

確かに血液型性格判断は当たりますが、それは占いが当たったというよりも、単に一〇〇年間信じ込まされてきたから、そのようになりやすくなるという呪術的な要素からそうなるだけなのです。

みんなが催眠にかかって、その占いを当たるようにしてしまったというのが真相です。

占いは、扱いを間違えると、自分で信じて自分で洗脳され、他人にあれこれいって「当たっている！」などと思い込んでしまうのです。

占いで「お前はダメだ」といわれて犠牲になる人、たとえば、紫微斗数や算命術で「天《てん》中殺《ちゅうさつ》」だといわれて、その年に何もしない人も、占術の犠牲者です。血液型性格判断で、自分の性格を間違って信じ込む人もまた、犠牲者です。こういう人たちが、占いによって自由な選択を奪われて、本来発揮すべき能力や時間を奪われているとしたら、とても残念というほかありません。

歴史上古くから伝わっているもの、本当に古いものに関しては、どういう根拠で成り立っているのかよくわからない面もあります。しかしながら、スピリチュアルな能力と歴史分析などを統合して追っていくと、それらが本当に真実を語っていることがよくわかります。易などはまさにその一つです。

しかも、易は中国の専売特許ではないことも同時にわかってきます。シュメールだとか非常に古い時代の文明から伝わっている「直感をコントロールするための生活科学」とでもいうべきものがあったのではないでしょうか。

易はいろいろな占いにも影響を与えていますが、本書では、そのあたりの交通整理もしてみようと思っています。

しかしながら、易を学んでいる者にも反省点はあるのです。占星術のように各星座のキャラクターを美しく描いたり、親近感を覚えさせたりする努力を怠ってきたからです。西洋贔屓《ひいき》でミーハーな側面を持つ日本人の一部にとっては、西洋からきた占星術は美しく、カッコよく見えてしまうのでしょう。事実、占星術はソフィストケイトされた学問であるかのように装う仕掛けが長年積み上げられてきました。だからすぐに占星術に飛びついてしまう。「アセンション」など流行りの横文字に飛びつくのも同根という感じがしてなりません。

しかし、そういうミーハー的な飛びつき方をしては後々、心を傷つけることになりかねない面もあります。もう、占星術を卒業する時代にきていると思います。日本に生まれたならば、あるいは東洋的な考えに根差したアジア人であるならば、西洋の占星術ではなく、中東から極東に至る巨大にして先進的な東洋世界が生んだ「易経・易占」を深く考えるべきです。

5章「人生の正解」を選びつづける極意

自分が何者かを知り「自在境」に至る

易は、とても深い解放を与えてくれる占術です。学問であり、哲学でもあります。「あれをしてはいけない」「これがダメ」と人を窮屈《きゅうくつ》にする、ほかの占いとはまったく違います。霊的な能力のベースがあって、かつ心理学という巨大な体系にも身を置いて、当時、大先生と呼ばれたオーストリアの心理学者ジグムント・フロイト（一八五六〜一九三九）の弟子であったカール・グスタフ・ユングも、最晩年はすべての現象を分析するカギは結局、易しかないと考えていました。

ユングは占星術や錬金術などいろいろな研究をおこないましたが、最晩年は易を立てて患者を診《み》るようになっていました。ユングは世界を旅する中で、東洋的な哲学や仏教的な曼荼羅《まんだら》の世界、ネイティブアメリカンの思想などに深く入っていきました。

じつはその曼荼羅こそ、易に象徴される世界そのものです。易の八卦は、八方向に拠点を置いた巨大な曼荼羅として示されることが多いのです。易は、宇宙の真理を知るための八つの引き出しです。その引き出しの八方位をしっかりと把握すると、真ん中である自分が何者かがはっきりとわかるのです。

その途端に勇気がほとばしるように出てきて、本当にすべてのものが美しく、キラキラ輝いて見えるようになります。そして直感的に意味がわかるようにもなります。

私はこの境地を「**自在境**」と呼んでいます。易の分類を極めると、自在境に至るのです。これは決して嘘ではありません。そういう自在の境地に立てるのです。私自身で実験をしました。

私は人並み以上に優れているなどとは決して思ったことはありません。最初は本もろくに読めなかったし、性格は偏っていたし、いろいろな意味で人とのコミュニケーション障害を持っていましたし、学生時代は成績も「ビリっけつ」でした。

それでも私が勉強して大学院にも進むことができて、悩みを持つ人の相談にも乗れるようになったのは、やはり易での体験が突破口になったのだと思っています。

私がこれまでの人生で経験した「幸運を引き寄せた成功例」をご紹介しましょう。易などによって運をどう変えて、人生にどう活かしたか――皆さまの人生の参考にしていただければと思います。

易で幸運を引き寄せた私の半生

東へ向かう白竜に誘われて東京へ

私は二〇代のときに、デジタル文化を含め、メディアの最先端の仕事に携わりたいと思っていました。そこで一念発起して、故郷の静岡県で七年ほど勤めた郵便局を退職して、一九八六年ごろ、東京に出てきました。

別に何か当てがあったわけではありません。それでも、新宿駅の西口の改札口にいかなければならないということだけは、何となく感じたのです。

改札口を出ると、そこには電球のようにツルツルの坊主頭で、少しだけ白髪を残した、眼鏡をかけた人物が立っていました。背筋はシャキッとした初老の男性です。次の瞬間、その人が「君か！」といって、私のところに近づいてきました。

あとでわかったのですが、この人は「新宿百人町《ひやくにんちょう》の赤ヒゲ」と呼ばれた医師・津田要一先生でした。日本の漢方学界の大幹部です。いろいろな霊能者とつながりがあった医者でもあり、霊能者が祈禱《きとう》して治らない場合は津田先生のところに担《かつ》ぎ込むことが多かったとまでいわれた方でした。

若いころから竜が見えたという先生で、その日も朝から竜のお告げがあり、「夕方になったらこのような風体《ふうてい》の、このような感じの男子がくる」といわれたので、西口の改札口で待っていたのだ、と私に告げました。

驚いたのは私です。まず、そのような話を信じていいのかどうか疑いました。「東京にはこういう人がたくさんいるのだ。このまま誘拐されて臓器を売られてしまうのではないか。きっと何か裏がある。健康な若い男性には誰にでも声をかけて、カモを探しているに違いない」などといろいろな考えが頭をよぎりました。

しかし、そのように訝《いぶか》ってたじろいでいる私に、津田先生は「どこにいきたい」と聞くので、私はすごく熟考したうえで「大きな熊野神社があると聞いたので、その神社にいきたいです」と答えました。たまたまその日は、外では雪がしんしんと降っていました。確か二月の節分のころだったと思います。

私は注意を怠らないようにしながらも、津田先生を信じて、新宿駅の西にある熊野神社に連れていってもらいました。

その熊野神社では、肩に雪を積もらせながら、柏手《かしわで》を二回打ってお参りしました。すると、不思議なことが起こりました。

じつは上京する少し前、私の地元のびく石（藤枝市石谷山）という山の上で、小さい白い竜のような生き物が東京の方角にビューンと飛んでいくのを見たのです。まさにそれと同じ小さい白い竜が、フッと見上げると、熊野神社の屋根の真ん中からスーッと中に入っていったのです。

私は何か収まった気がしました。びく石で見た竜が熊野神社に降りて着地をしたのです。そのことを津田先生に説明して「竜は喜んでいます」と伝えると、先生は「そうか。そういうことだったのだな」と納得して、私を駅まで送ってくれました。駅で私は名刺だけもらって、そのまま別れました。

その後、津田先生とは何度かお会いしました。私が当時主催していた精神世界を探求するグループ「自由精神開拓団」の集まりにもきていただいたことがありました。しかし、ちょっとご無沙汰しているうちに残念ながら亡くなられてしまいました。

「乾為天」を信じて決めた就職

竜が喜んでくれたのはいいのですが、私には住む場所も働き口もありませんでした。また、お金もあまり持っていませんでした。ところが幸運なことに、新宿駅のそばのある店で出会った店長の家に下宿させてもらうことになって、その間に就職活動と家探しの活動を始めることができたのです。

結局、二、三か月くらい経ってから、東京・武蔵小金井に「自由精神開拓団」の仲間三人と私を入れて計四人で大きな庵《いおり》のような一軒家を借りることになりました。四人で家賃一六万円でした。二階建てで部屋数も多く、広くて使い心地がよかったのです。

当時のことを思うと、ドンピシャのタイミングで本当に信じられないほどうまくいきました。その家を見つけて住むようになった、その日の晩に易を立てたのです。すると、六四卦中の最初の卦である「乾為天《けんいてん》」が出ました。「あっという間に、すべてが通る」という意味です。

当時は三か月先の家賃も持っておらず、「本当かいな？」と疑いましたが、もう一度易を立てたら、やはり同じ卦が出たのです。「すべてが通る」というのなら通るのかなと思いながら、精神世界の友人や知人の伝手《つて》を頼って辿《たど》り着いたのが、熊野神社に隣接する新宿中央公園のそばの会社でした。私の希望に合う、人材育成や人材教育のソフトの開発をしている当時の最先端企業でした。

ところが、「では、明日からきてください」といわれて出社したところ、肝心の社長が、私を雇ったことをすっかり忘れていました。社長は「困ったな」とかいいながら、「何日か前に一人辞めたから、机は奥の方に空いているし、仕事は自分で作って」と告げて、ほったらかしにされました。

私も「どうしようかな」とか思いながらも電話をかけまくり、「仕事を自分で作れといわれたのだけれど、何やればいいかな」と知人や友人に相談しまくりました。彼らのアドバイスは、「社長の真意を探れ」というものでした。

そこで、いろいろ提案したりしながら探《さぐ》りを入れたら、その会社の経営が苦しくなっていることがわかりました。その会社での私の役割は〝取り立てブロック〟をおこなう要員だったのです。つまり、取り立て屋がきたら、追い返すのが仕事です。その取り立て屋を追い返す仕事は半年くらいしました。

そのときすでに、統括本部長は胃に穴が開いて会社を辞めていました。その後、経理部長を含めた幹部も、一五人くらい一気に辞めました。こうして、入ったばかりの私ですが、中堅幹部がいなくなったので、社長直属の社員になったのです。みんな辞めてしまうので私も迷いましたが、「何とかやりましょう」といいながら頑張りました。

そうしているうちに何と、今度は社長が行方不明になってしまいました。困りましたが、考えてみると、その会社は他人の会社なわけです。経営不振だからといって社員は辞める必要がないのだと私は居直りました。「給料をもらえているうちは、最後まで万策を尽くせよ」と自分に言い聞かせました。

大当たりした出版事業

時はバブル時代だったので、ほかの仕事を見つけて去っていく人もいました。でも私はほかにいくところもなかったので、安月給でも真面目に仕事に打ち込みました。

すると不在だった社長が、アメリカから能力開発や教育のノウハウを持って帰ってきたのです。すでに会社には出版部門が存在していたので、社長とは「印刷の支払いは半年後でいいといってくれる印刷所を探して、能力開発の本を出そうよ」という話になりました。

こうして出版したところ、それが大当たりしたのです。

私も自分の知り合いを会社に入れて、軍団をつくりました。営業部隊を作り、出版部門を新たに立ち上げて、雑誌や本をどんどん出版していきました。易を応用した、占いのソフトの製作にもたずさわりました。あとで易を中心にして夢を分析するソフトを作りました。どちらも大ヒットし、いまも続く、私の重要な収入源になっています。易の卦のとおりだった、といまでは思います。結局その会社に入って七年間くらい勤め、出版部の三人で一〇億円くらい売り上げたのではないでしょうか。

そんなこんなで、一九九〇年にはロシアに、九三年には中国に、それぞれ超能力や気功の取材で出張もしています。

その後、一九九三年ごろに会社をやめて独立して「国際気能法研究所」を創設、現在に至っています。

思うだけで人が引き寄せられる

私の人生を振り返ると、単に最初に「これをやりたい」というイメージがあっただけです。二〇代や三〇代のころだったら、何かを願えば二～三か月で必要な出会いや情報が入ってきていました。いまも「こういう人に会いたいな」と思うと連絡がきます。ただ、この年になると、「これが欲しいな」と本当に思えるようなことはかなり少なくなってきます。逆にいうと、三〇代くらいまでには、自分が欲しいなと思っていたものは何でも手に入れたし、会いたいなと思っていた人たちすべての人に会っていたと思います。

次のような不思議な出会いもありました。

二〇代の終わりのころ、とてもあこがれていたタレントがいました。イギリス南西部グラストンベリーの近くのオープンカフェで、スタッフの人たちと話をしていたとき、たまたまそのタレントの話をしていたのです。「僕は〇〇のファンなんですよ」といってふっと後ろを振り向くと、そのタレントが背中合わせで座っていたのです。それが縁で、イギリスで一緒に食事したり遊んだりして、そのタレントとはかなり仲良くなりました。

先日も「スプーン曲げ少年」として一世を風《ふう》靡《び》した清《きよ》田《た》益章《ますあき》氏の還暦パーティーで、有名な元プロレスラーとその奥さんが声を掛けてきました。奥様はタレントで、私が二〇代くらいのときに前世をリーディングしてあげた人でした。ちょうどその二日くらい前に古いアルバムを整理していたら、「このタレントさん、なんて名前だったかな」と思って、写真を裏返したら名前が書いてあって思い出したところでした。

このように、思った人と会うのはしょっちゅうあるわけです。とくに「こういう仕事をしたいから、こういう能力のある人に会いたいな」と思うと、だいたい引き寄せられます。思うだけで人が引き寄せられてくるのです。

「縁」があると、必ず再会する

引き寄せられるのは人だけではありません。二、三年前、吉祥寺の古書店のワゴンセールで『心の医学』という本を一〇〇円で購入したところ、それは私が学生時代に、当時暮らしていた静岡県藤枝市の駅の近くの古本屋で一度私が購入、その後手放して売り払った本だったのです。手放してからじつに四五年ぶりに私のところに戻ってきたことになります。この本の著者は楠原久司という医師で、非常に面白くて、心のあり方が、健康に影響するという内容でした。

思いが体に影響を与えるわけです。スリ切れるくらい読み込み、赤線も引きました。本当はそのまま手元に持っておきたかったのですが、若いときはお金がなくて、仕方なくその本を古本屋に売り払ったのです。ところが最近になって、あの本をまた読みたくなっていたところだったのです。

心の報いが体に現れるという本ですから、凄《すご》いなと思いました。当然ですが、当時私が入れた赤線がそのままはっきりと残っています。一度は手放しましたが、「手放したくないな」と思った本でもありました。

しばらくしてケロッと忘れていましたが、何となく心の片隅には、どんな本だったかなとずっとモヤモヤした感じを持っていました。そのときの思いが四五年後に結実したことにもなります。人の心の力がそうさせたのだと思います。

一度縁を持ったものは、再び現れやすくなるのです。「袖振《そでふ》り合うも他生《たしょう》の縁《えん》」といいますが、輪廻《りんね》転生《てんしょう》もまた同じだと思いますし、巨大な宇宙法則の中心に生きていることを実感しました。

骨董で痛感した「物品引き寄せの法則」

私は骨董業《こっとうぎょう》も営んでいますが、一度売った骨董品が何度も戻ってくるということを経験しています。一番凄かったのは、ある木彫りの恵比寿《えびす》像が四、五回私のところに戻ってきたことがあります。それも三〇代のころ東京で売って、買った人がその後手離して仙台の骨董店で買い戻したことがありました。しかも、最初に買ったのと同じ値段でした。

それをまた、東京で別の人に売りました。すると今度は、埼玉の骨董市で戻ってきました。そのときは、売った値段よりも安く手に入りました。江戸時代末期の木彫りの恵比寿様で、まったく同じものです。

その後も、売ったり買い戻したりで、東京であと二回戻ってきています。利ざやがあるときもありますが、だいたいトントンの収支。損はしていません。先日五回目で恵比寿像を売って、いまはどこかにいっていますが、そのうちまた戻ってくるに違いありません。

骨董業を営んでいて不思議に思うのは、ある作家さんの作品が入ると、まったく別の売り手からも同じ作家の作品が次々に入ってくることです。出雲にいって手に入ったら、北海道にいって同じ作家の作品に出合って手に入るといった具合です。最近亡くなった作家の作品が散逸《さんいつ》して、容易に手に入るということは時々ありますが、かなり前に亡くなった作家の作品がこのように別々のところから集まってきて手に入るというのは、極めて珍しいことなのです。

コツは淡《あわ》く願うこと。もう一つは、執着しないことです。

私が骨董屋や鉱石・パワーストーン販売をしている最大の理由は、そこにあります。一番欲しいと思うものでも、人が欲しいといったら手放すようにしています。必要な人のところに必要な物品を届ける――それが私のセカンドワークなのです。

私は最初、自分が欲しいと思うものをコレクターとして集めていました。「欲しい！　欲しい！」との一念で集めてきて、床板が抜けそうなほどになりました。しかし、そのとき、なぜか運命の行き詰まりを感じたのです。集めた石や骨董品が、私の家にいるのに満足していない、何か浮足立っているのを感じるようになったのです。キリスト像が汗をかいたり、西の方を勝手に向いてしまう大黒様が出てきたり、不満だとみんな暴れ出すわけです。

骨董品を扱っていると、引き寄せの法則がよくわかります。

あるところで、どこかで亡くなった年老いた獣の牙《きば》を買ったことがあります。それは、とても力が強い動物の牙だったのだと思います。その瞬間に石に躓《つまず》いたり、車が真横に飛び込んできたり、危ない目に遭うようになりました。レストランでたまたま横に座っていた人と大げんかしたこともあります。その牙が暴れていることがすぐにわかりました。年老いた獣は、いろいろな動物にも狙われるし、それまでほかの動物をたくさん殺してきた業《ごう》もあるわけです。びくびくしながら、生きてきたのだと思います。

しかし、その牙もしばらくしたら、「ここにずっといたい」といって居座るようになりました。いまは自分の部屋に吊るしてあります。やはり物にも意志があって、それをかわいがってあげると、大きな利益を生み出してくれたり、また戻ってきたりするようになるのです。仲間を連れて戻ってくることもあります。同じ作家の作品が共鳴して一気に集まったりするのも、「物の意志」があるからだと思っています。

私の事務所にも石や骨董品が置いてありますが、毎晩対話するようにしています。すると元気のいい骨董品の周りでは「バキバキ」「ドン」「バーン」という音がします。普通の人は怖がるでしょうが、私は「あいつはそろそろ旅立つのかな?」と感じるわけです。すると、初めてうちにきたお客さんが「これいくらですか」といって買っていきます。

物とかお金には、物霊《ものだま》、金霊《かねだま》があるのです。パワーストーンにも石霊《いしだま》と呼ぶべきものがあります。そこと共鳴すると、引き寄せられたり、持つことによって運がよくなったり、出戻ってきたり、仲間をたくさん連れてきたりするわけです。お金にも同様の性質や力があります。

「引き寄せ」の種類と活かし方

このように引き寄せというのは、いくつかの種類があります。

自分がいま欲しいと思うものの情報やヒントが引き寄せられてくる場合があります。また、何かの影響で**一旦手放しているものが再び戻ってくる**場合もあります。または、**引き寄せられてくるもの自体がアイデアの源泉、あるいはアイデアを刺激するものであること**もあります。

とくに骨董業では、偶発的に何が引き寄せられてくるかわからないという面白さがあります。その偶然性に何か閃《ひらめ》きを求めることもできます。そこにある情報と、いま自分がこうしたいと思っている道筋とを結びつけて考えることによって、運勢のヒントを得るわけです。

先ほどお話しした木彫りの恵比寿像もそのケースです。鯛《たい》を抱えた恵比寿様は、海幸彦《うみさちひこ》山幸彦《やまさちひこ》伝説と合体した姿でもあります。ですから、この像が戻ってきたときには、海にいくと何かヒントが得られるのではないかと思って、よく海にいくようにしました。

実際、自分の故郷である静岡県の海にいろいろな人を連れていきました。すると、その人たちとは仕事上の関係がうまく発展するという出来事が起こりました。

また、恵比寿像が戻ってきた当時は、「ドライ・アンド・クール」という、ある種冷徹な態度が経営者の間で流行っていました。ビジネスを一緒にする人とは半ば拒絶気味に付き合い、自分のカリスマ性を高めようというような態度です。それを自分の経営道に取り入れている人も大勢いました。

しかし、私はそういうことができない性質だったので、やはり笑顔で、人に頭を下げて、腰を低くすることによってビジネスがうまくいくのではないかと思っていました。「ドライ・アンド・クール」が一世を風靡《ふうび》する中であっても、笑顔の恵比寿像が戻ってくるたびに、自分のこだわりへの思いが強くなりました。そしてそれを実践してみると、結果的に五年、一〇年の長い目で見たら、「ドライ・アンド・クール」よりも、つまり厳《いか》めしい顔よりも恵比須顔のほうがずっとうまくいくことがわかりました。一方、「ドライ・アンド・クール」に走り、強気で交渉していた人はみんなどこかへいってしまいました。

その意味で、恵比寿像はビジネスの初心、あるいは仕事の原点に返ることの重要性を私に知らせるために、節目ごとに戻ってきたと解釈することもできます。恵比寿様というのは、釣り糸を垂れて、イライラせずに、長いこと笑顔でいる状態の象徴であるといえるからです。

それは逆にいうと、私が一番やりづらいことでもありました。私はもともと、正義を振りかざしてあれが悪い、これが悪いと、人の悪いところばかり気がつく心の癖があったからです。その癖を捨てるために、たびたび恵比寿像が私のところに戻ってきたのかなと、いまでは思っています。恵比寿像は私に、「もっと笑いなさい」と、笑顔の重要性を教えてくれたのではないでしょうか。

あれこれと、いろんなことに手を広げてみようかとか、自分がやってきた分野を捨てて、新しいことに乗り換えてしまおうかと迷った時期もありました。そのたびに恵比寿様が戻ってきて、一点に釣り糸を垂れて動かない姿を見せられたときに、自分が向かうべき道を教えられたような気がしています。

少なくとも恵比寿様は、釣り竿、釣り糸、そして海が私にとってどういう意味があるのか、笑顔や人に対して微笑むことがどういう意味があるのかを教えてくれたのだと思っています。

節目に現れる運命の「契約の虹」

本の執筆など、何かのプロジェクトを進行させている節目節目で、自然現象が共鳴するように発生することもあります。**シンクロニシティという「運命の波」に乗って仕事がはかどっているということの象徴として、虹などの、ふだんはあまり出現しない自然現象が**

自分の周囲で発生したりするのです。

たとえば、二〇二二年八月に『最古の文明シュメールの最終予言』という本を出版したときのことです。

チェックした原稿を出版社に手渡した約一時間後の七月一九日午後六時四五分ごろ、二重の虹が出現しました。その六日後の二五日午後六時一〇分ごろ、今度は二度目の原稿チェックの目途《めど》が立った途端に、再び二重の虹が現れたのです。

極め付きは、さらにその二日後。最終的に出版社の校正・校閲作業がほぼ終わったとみられる二五日午後六時半ごろ、海上に発生した積乱雲の下の雨の中で発生している遠くの虹が観測されました。

別の本を出版するときにも、最初の打ち合わせをしたその直後の真っ昼間に、大きな二重の虹が都心の上空に現れたことがあります。どれも、まるで虹の出現と、私たちの作業がシンクロ共鳴しているような不思議な体験でした。同時に、この本の出版が大きな反響を呼ぶであろうことを確信し、事実、そうなったのです。

二〇二二年九月八日に英国のエリザベス女王が死去した際も、バッキンガム宮殿で二重の虹が目撃されました。やはり虹は、人々の心の状態や心が運ぶ命、すなわち運命とも連動しているのです。

これが、『旧約聖書』に記されている「ノアの箱舟神話」で、洪水を生き延びたノアたちの前に現れた「契約の虹」の本当の意味です。言い換えると、大衆の集合無意識に受け入れられた「証し」として、虹が出現することがあるのです。

以上が、私が実際に体験した幸運を引き寄せた成功例の一部です。易がその人の心の状態をそのまま言い当てるように、自分の心の状態が運命を決め、環境を変化させていくのだということを理解していただけたでしょうか。

誰もが持つ「運命時間」の不思議

人間は「運命時間」を持っていて、それぞれの人を中心にして、それぞれの運命時間があるのです。その時間の調整がうまくいっていると、過去や未来、あるいは因果律《いんがりつ》を超えて、いろいろなものが理由を飛び越えて引き寄せられるのだと思っています。それは同時に、その人の持っている因縁を飛び越える作業でもあります。自分の体の内側や外側にも同時に奇跡的なことが起きたりします。

それらの現象は、人によっては予知能力を持っているとか、過去を透視《とうし》したとか、ヒーリングしたとか、言い方が異なります。人は運命時間を持っていて、それぞれの人がそれぞれの中心となって運命を回しているのだと思います。

物差しで測れるものだけに焦点を置いて、外側の外界の世界を中心にして我々が回っているのだと考えてしまえば、運命を回しているのは自分だということがわからなくなるのです。

ドイツの数学者・哲学者・神学者であるゴッドフリード・ウィルヘルム・ライプニッツ（一六四六〜一七一六）の単子論（モナド論）に考えが近いのですが、その人を基軸に運命が回っているのだと考えています。その人の内面にある心のあり方が、外のさまざまなものや時間、もしかすると重力に至るまで、他人の心を含めていろいろなものと共鳴している。その共鳴によって運命を動かすことができるのではないでしょうか。

私は易を長く研究してきましたが、易は「**窮《きゅう》すれば変ず、変ずれば通《つう》ず**」といいます。実際、そのとおりなのです。心と環境は共鳴し、連動するのです。つまり窮することによって問題意識を持つようになります。問題が認識できれば、変化させることができるわけです。

たとえば「こんなに私はバカだったのか」と打ちひしがれて、「どうしてもお利口さんになりたい」と心を入れ替えるわけです。すると、本をたくさん読むようになり、こういう先生に会って話を聞きたいとか、こういう世界に飛び出したい、と具体的に思うようになります。そのイメージを強く念じたら、結果、その心に沿って運命が変化していきます。変化が願望実現へと導いてくれるわけです。

さらに**易は、そのタイミングがいつか、ということも教えてくれます。人間の運命は、自分が強くイメージすることだけでなく、どういうタイミング、どういう時間や場所で出合うか、どういう情報やどういうものと出合うか、そして何よりもまして、どういう人と出会うかによって激変する**わけです。

その運命の波をサーフィンしながら、タイミングを計ってしっかりと大波のチューブの中に入れれば、その人は永遠の宇宙サーファーになれるのです。

易によって知識を引き寄せ、身につける

易は、科学的な考え方と、記憶法の基礎的なところをうまく合体させることから始まっ

たと私はみています。

記憶術というのは、基本的なアーキタイプ（原型）を、七ないし八に分けると決めて、覚えます。つまり頭の中に七つか八つの引き出し、もしくは仕切りをつくるわけです。その七つか八つの引き出しに、何らかの同じような意味とか、何らかの関連づけをして分けるという習慣を身につけると、記憶力は飛躍的に上昇します。かつその引き出しに、それぞれの感情に合わせたイメージを結びつけたり、日常的に使う身近なものと関連付けたりして覚えようとすると、記憶力は爆発的に高まります。

易もまた、宇宙を八つの引き出しに分けて、その法則性を教えてくれているのです。

じつは私自身、本当に昔からものを覚えるのが苦手でした。いまでも物覚えはそれほどいい方ではありませんが、とにかく苦労しました。しかしながら、その物覚えの悪さを補ってくれたのが易なのです。

易はタイミングを計る極めて重要な道具であるとともに、複雑に絡み合った運命の綾《あや》を解きほぐし、わかりやすく、かつ覚えやすくしてくれる「運命のサーファー」にとっては必需品ともいえるガイドブックでもあるのです。

ある人にいわせると、私は「失読症」だそうです。小説なども、はじめから読むと途中で飽きて読めなくなります。起承転結で並んでいようものなら、その文章は本当にもどかしく感じます。書き手の感情が先に頭に入ってくるし、何となくプロセスがわかってしまうのです。しかしわかっているけど、人にそれを説明することもできないのです。それが腹立たしくて、もどかしくなるのです。

小学校三年生くらいまで、日記をうまく書くこともできませんでした。起承転結で書くという概念がピンとこなかったのです。

そこであるとき、起承転結という単純な四つをバラバラにして読んだら、つまり「転」から読んだり、「結」から読んだりしたら、内容がわかるようになりました。滅茶苦茶に読んで、項目を読んで、あとがきを読むと、本はある程度把握できることがわかったのです。とくに実用書の場合は、そうです。これができると、読むのが圧倒的に楽になります。「もうすでに読んじゃった感」のところから、個別の情報に入っていくようにするのです。

じつはそういう読み方でしか、本が読めない人はたくさんいます。そういう人は、文章を書くときでも、起承転結で書けないわけです。バラバラで短いセンテンスの閃《ひらめ》いた文章を、スケッチブックのようなものに滅茶苦茶に書きなぐって、それをチョキチョキと切り貼りして、起承転結に並べるという作業をしなければなりません。すると、ようやく長文が書けるようになりました。

聞くところによると、そうした読み方、書き方しかできない子供たちは、けっこう多くいます。そういった人は、いままでの学校教育では「ダメな子扱い」だったわけです。記憶できない子、物が読めない子、飽きっぽい子として低く評価されていました。

ですから私はいま、週に一〇冊くらい同時に本を読むようにしています。起承転結をばらばらにして、一つの本が飽きたら、別の本を読むようにして、一〇冊を同時進行でバラバラに読んだら、結果的に一週間で一〇冊全部読めることがわかったのです。全部読めるだけでなく、それぞれのテーマにより興味を持つこともできます。もっと掘り下げたくなります。そういう場所に付箋を貼っておいて、そこからまたそれに関わる本を一〇冊バラバラに読んでいきます。

これは、八つに分けて宇宙全体の法則を見るという易の分け方と極めてよく似ています。一〇冊に分けた本の意味や主張から、共通する考えを共鳴させて、全体を把握するのです。

さらに易を活用したら、もっとうまくいきます。この本のある情報がAという箇所にあったとして、それを掘り下げるような本と出合いたいと思って、易を呪術的に使うと、必要な本が引き寄せられてくるのです。するとあっという間に、本を書くための情報がストックされるようになるわけです。それがいま、八〇冊分以上の情報が頭の中にストックされている状態です。つまり私の頭の中には、すでにここから先、八〇冊以上の本が出来上がっているわけです。

ただ、もどかしいのは、それを全部言葉にするのができないということです。言葉はやはり起承転結で語らないといけません。そうしないと、人に伝わらないからです。

易を活用すると、確実に人生は変わる

とにかく私が改めていいたいのは、「易を活用すると、どれだけ人生が変わるか」ということです。

易には、自分の念力みたいなもの、引き寄せ能力のようなものを読み解くカギがあります。心が磁石のように引き寄せるので、「マグネティック・マインド」と私は呼んでいますが、いまだに科学では解明できていないマグネティック・マインドの力が存在し、それを的確に読み解くことができるようになるのが易なのです。

大衆の集合無意識によって、あるいはみんなが祈ることによって、さまざまな社会現象

を引き起こしているのだと考えることもできます。こういう念じて通すという祈念力は、易を理解することによってコントロールすることもできるようになります。逆にいうと、易がわかっていないと、祈念力をコントロールすることはできないのです。

易はまず、自分の念の性質が八種類あるのだということを示しています。その八種類の念の性質が、どういう条件が整えばどうなるとか、あるいはこういうシンクロニシティが起きているときはどういう念が通りやすくなるかを分析したり教えたりしてくれるのが易なのです。反対に、念が通りづらくなるタイミングや、念じたことの逆が起こるときも、的確に教えてくれます。

言い換えると、念を通すためのタイミングを計るには、易を使うしか方法はありません。

「二度あることは三度ある」という諺《ことわざ》がある一方、「三度目の正直」という諺もあります。その三度目がどちらの三度目なのかを分析できるのが易です。

「泣き面に蜂」という諺もありますが、人間が不幸の連鎖に巻き込まれてしまう場合もあります。その一方で人間は「飛ぶ鳥を落とす勢い」で成功の連鎖を引き起こす場合もあります。その違いは根本的に何なのかを、読者の皆さんに理解していただきたいと思っています。

人間は、心の状態とその心が環境にどう接続されるか、心と外界（環境）がどのようにシンクロニシティを引き起こすのかによって、外界を変化させてしまうのです。心の状態によって、それをよい方にも悪い方にも変化させます。すべての天使、すべての悪魔は、全部自分の中に棲《す》んでいます。好都合な現象や不都合な現象が、心の状態と共鳴しながら人生模様を織り成していくのです。

人生の正解を見つける方法

易を使った一つの利用法として、**六四卦を見て、自分の好きな卦は何かを探してみること**も非常に有効です。その見つけた卦に、その時々の人生で疑問に思っている問題の正解がある可能性が高いからです。

たとえば、王者の想像力である一番目の「乾為天《けんいてん》」が好きな人は、新しいことや、誰もやったことのないことに一番で到達することが好きな人です。それが動機づけになりやすい人です。

六三番目の「水火既済《すいかきせい》」が好きな人は、とにかく完成させることが好きな人です。そういう人は、何か完璧なものに至るとか、完璧に設計をするとか、結果を出してみんなに褒《ほ》められるということが、動機づけになります。

それぞれの人が、自分の人生で目指すべき「適材適所」の居場所があるのは間違いないように思われます。どのような道筋であっても、その進むべき方向を自分の成長や発達とともに成し遂げていけば、非常に充実して面白い人生を送れるのではないでしょうか。

そのためにはまず、自分が八卦の中でどのような魂の性質を持っているか、どういう卦が一番合っているかを読み込んでいったときに心が落ち着くのかなどを精査して、人生の正解を探すという手もあります。

たとえば、二二番目の「山火賁《さんかひ》」という卦が好きだったり心が落ち着いたりしたとすると、「火」は「飾る」、山は積み上げられた「確かさ」という意味ですから、華やかさと確かさが合わさったファッション、芸術などに向いているわけです。

それが三二番目「雷風恒《らいふうこう》」であれば、持久力や何かを保っていくことを表しますから、日々変わらない伝統文化の担い手になることをお勧めします。三四番目「雷天大壮《らいてんたいそう》」のように壮大なスケールを表す卦が気に入っているのであれば、高層ビルを造ったり、都市開発に携わったり、宇宙船を打ち上げたりすればいいのです。

生年月日から運命を導きだす方法

生年月日から、自分が生まれながらにして持っている、この人生の宿命ともいうべき「八卦の性質」を知る方法があります。それを知ることで、自分の運命をある程度推測することができます。どうしてそういうことが起こるかというと、人間の周りには、生まれつき引き寄せられやすい数字があるからです。その根源にある偶然性の数字が、生年月日として現れると考えます。それらの数字を八卦に変換します。

どのように八卦を導き出すかというと、まず生まれた年は一二の干支《えと》で数字を出します。子《ね》年なら１、丑《うし》なら２、寅《とら》は３、以下卯《う》４、辰《たつ》５、巳《み》６、午《うま》７、羊《ひつじ》８、申《さる》９、酉《とり》10、戌《いぬ》11、亥《い》12となります。１から８までは、そのまま八卦の数字に対応させます。９から12は、８で割った余りが八卦の数字であると考えます。同様に生まれた月日の数字を八卦の数字に変換します。

たとえば、１９６０年12月30日生まれだとすると、１９６０年は子年ですから「１」、月の12は８で割った余りが４だから「４」、日の30は８で割った余りが６なので「６」となります。この三つの数字を全部足した数字が、あなたが生まれながらにして持ってきた、人生のテーマとなる八卦の性質となります。この場合は１＋４＋６ですから11。11を８で割った余りが「３」なので、八卦の３に相当する「離《り》」があなたの性質となります。

離の人は、情熱的で、オシャレが好きで、感情をとくに大切にする人です。表面を美しく飾るファッションデザイナーや、文字や絵、映像や体で表現する仕事に向いている運命を持って生まれてきていることになります。職業でいえば、作家などの文筆業、演出家、写真・映像関係、芸術家、デザイナー、漁業関係などでしょうか。

それぞれの八卦がどのような性質を表すかは、232ページの「八卦の基本性質一覧表」をご覧ください。

生年月日からは、あなたの人生に影響する、ほかの運命もわかります。

生まれた年の数字は、あなたの魂ともいえる直霊《なおひ》が持つ性質です。子年《ねどし》の人は「１」ですから、八卦の１に相当する「乾《けん》」が、直霊が本来持っている性質となります。

同様にして、生まれた月はあなたの先祖がこの人生で何を要求しているかを示す性質となり、生まれた日はあなたの環境があなたの人生で何を求めているか示す性質となります。

この場合、前者が「４」ですから、八卦の４に相当する「震《しん》」で、後者が八卦の６に相当

生まれながらの性質「卦」を出す

生まれた年の干支の数字

子《ね》＝1　丑《うし》＝2　寅《とら》＝3　卯《う》＝4　辰《たつ》＝5　巳《み》＝6

午《うま》＝7　羊《ひつじ》＝8　申《さる》＝9　酉《とり》＝10　戌《いぬ》＝11　亥《い》＝12

（［生まれた年の干支の数字］＋［生まれ月］＋［生まれ日］）÷8

⇒「あまり」を出す

あまりの数字に対応する卦 ⇒ あなたの性質をあらわす

あまりの数字と卦の対応

1＝乾《けん》　2＝兌《だ》　3＝離《り》　4＝震《しん》　5＝巽《そん》　6＝坎《かん》

7＝艮《ごん》　8＝坤《こん》（割り切れるときは8＝坤）

（例）子年（＝1）の12月30日生まれの人の場合

（1＋12＋30）÷8＝5あまり3

3に対応する「離」が、この人の性質の卦

- **生まれた年の干支＝直霊が持つ性質**
- **生まれた月＝先祖があなたに求める性質**
- **生まれた日＝環境があなたに求める性質**

する「坎《かん》」となります。

これによって、あなたの人生における全体のテーマが「離」、あなたの直霊が持っている性質が「乾」、先祖が求めている性質が「震」、環境が求める性質が「坎」となるわけです。これらの性質を生まれながらにして持っていることを知っていれば、自分の人生で何をしたらいいか、どのように人生を歩むのがいいか、自ずとわかってくるのではないでしょうか。

思考と感覚のバランスをとるには

最近、「何をやったらいいかわかりません」という相談者が増えています。自分は何が好きなのか、自分は何のために働くのか、その動機がわからないというのです。そういう人の多くは、評論ばかりしていて、何もしていない人です。自分のネガティブな部分を消す努力もしていないし、ポジティブな部分を探すということもしていない人もいます。

最初に魂は、この人生の目的を持って生まれてきているのです。だから八卦や六十四卦の中には、必ず心に響く卦があるはずです。それがピシッと決まれば、行動するように人間はできているのです。

それを妨げているものがあるとすると、それは悪い習慣が身についているからです。これはテストや数字を重視する学校教育の弊害《へいがい》でもあります。「考えろ、考える子はいい子だ」「考えたら、成績や点数が良くなる」と、学校では「考える」ことばかりやらせます。ここには「感じろ」がありません。点数による競争主義のせいで、数字にできない「感じろ」がおろそかになりすぎているのです。感じるとか、触れるとか、摑むという感覚を育む教育があまり重視されていないように思われます。

感じながらわかったことを人生の肥《こ》やしにしていくような教育を、子供たちにはさせなければなりません。ただ考えて机上の論理を繰り返すのではなく、肌で感じて考えなければバランスが悪くなるばかりです。乗り物の両輪にたとえれば、片方がパンクしている状態が現在の初等教育の現状です。片方がパンクしているから、ずっと同じところをぐるぐる回るという間違いを繰り返しているのです。

「感じる」ということを徹底的に教育していかなければならないのです。たとえば、音にはどのような形があったり、色があったり、味がしたり、香りがするか——そんなことを語り合う時間があってもいいでしょう。「音に形があるものか」と感じたとしたら、それは感覚が後退し、バランスが悪い状態なのかもしれません。各自が自分の感覚でイメージして発表するのです。同様に色にも形があり、味があり、香りがあり、感触があり、音があるとイメージしていきます。感覚や感性を学ぶことが大切です。

実際に教育の場でそこまでするかは別としても、感じることを工夫して遊ぶという教育を徹底しておこなうべきなのです。そうしなければ、何も生み出すことはできません。おいしく食べ、工夫して遊び、友達と楽しく会話する――それらがない教育は意味がありません。何も創造しないからです。

「遊んでいるのもいいが、ちゃんと勉強して受験しなければダメだ」とか「一日三時間以上勉強しなければ、試験に受からない」といった理論だけで、子供に教育を受けさせるのは本当にばかげています。そんなことをしていたら、金太郎あめのような画一化人間ばかりができて、画一化人間の競争の中でトップを取れなかった九〇％以上の大方《おおかた》の子供たちは、とにかくその思考偏重、数字偏重という習慣の枠の中でしか生きていけなくなります。同じところをぐるぐる回る機械のような人生しか歩めなくなるのです。

これに対して、精神世界の凄さというのは、「感じなさい」とまずそこから始まることです。お釈迦様は「宇宙はどこからきて、どこにいくのでしょうか」と聞いた弟子に「只管《しかん》打坐《たざ》」と告げたといわれています。只管打坐とは「一〇年そこに黙って座っていろ」ということです。その釈迦の叫びは、釈迦が悟っていたことを示しています。

釈迦の時代でも、インド哲学十数派がひしめき合っていました。「（思考を）学べ、学べ」「考えろ、考えろ」の連続です。それでありながら、いまだに階級社会を打破できないのがインドの現状です。釈迦はおそらく、そこからどう離れて「感じる」ということをいかに大事にできるか、それが重要であることがわかっていたのだと思います。

幸い、「感じる」ことを大事にしようと思い立った人たちが、精神世界に魅力を感じてきて、この世界の門を叩くようになりました。しかしこれまでの偏った教育のせいで、心を閉ざしてしまった人が非常に多いように思います。現代教育の犠牲者だと思います。

「変えない」ことに安心してはいけない

いまある社会は、学校教育を中心としたそれまでの習慣の結果ですから、すぐに変わることはありません。バランスが傾いた方向にぐるぐる回っているというのが実情です。いま、社会が停滞しているのは、当たり前のことなのです。そういう教育をやってきたから停滞しているだけです。教育に責任があります。

これまでの教育が間違っていたことに気づいている人も増えています。だけど、誰も変えることができない。それが習慣化してしまっているからです。文科省の指導を疑うことなく受け入れてきたつけが回ってきたのです。

スピリチュアルの世界に関心を持った学校の教師が、私のところに相談にくることがよくあります。私が「スピリチュアルなことを学校でも教えたらいいではないですか」といっても、「それはできない」の一点張りです。いまの学校教育を変えるなどということは、恐れ多くて考えることもできないというありさまなのです。当然、変えられるとも思っていません。彼らは変えるという感覚すらわかっていません。変えることを考えることすらできないのです。人間の「獣化」が進んでしまっています。

もちろんこれまでにも、何度か変えようとして立ち上がった人たちはいました。その度に、すごく面白い社会を生み出すのですが、すぐに反動が起こり、そうした運動が下火になってしまいました。とくにここ三〇年間は「変えない」ということが一番安心で大切なのだという考えが定着して、このような状態になったように思います。大学や大学院にいけばそれなりに刺激的な先生もいますが、やはり極少数です。

「面白がる」という感覚を養う

思考偏重にならずに、感覚も重視してバランスを取る教育は、小学校からおこなう必要があります。戦後のイタリアは、「独裁者ムッソリーニ（一八八三～一九四五）を生み出し、国を挙げて全体主義国家にしてしまった」という反省から、子供たちには徹底して個性を磨くような教育をしたのだと思います。子供のときから人と違うことをするように、と。だから個性的なデザイナーを多く輩出してファッション王国になりえたのです。いまでは個性的なデザイナーブランドそのものが、国家の大きな支えとなっています。

私は、自分の子供に対してもそのように育てました。「面白がれ、何でもいいから面白がれ。面白いと思うものを必ず見つけろ、必死で見つけろ」と口を酸《す》っぱくして言い続けました。とにかく人生を面白がる方向へ向かわせたかったのです。「人と違うことをやれ、お前だけしかできないことをやれ。それを面白がれ」ということもよくいいました。

その結果、たくましくなりました。

小さいときから、石や昆虫が好きで、方々に出かけたり、一緒にＵＦＯを見てびっくりしたり、いろいろな経験をさせました。

娘は、薬学に進みました。私と真反対で、経済学を勉強した私の父親の血筋なのか、数学が得意でした。囲碁をちょっと習ったら、次に数学にはまっていきました。ちなみに私は数学が大嫌いでした。薬剤師は、囲碁と似通ったところがあったのか、数字・数量・化学式を徹底して覚えなければなりませんから、娘に合った職業だったわけです。私の祖父は漢方薬店を経営していましたから、血筋といえば血筋なのでしょう。

そういう専門の仕事を見つけたとはいえ、最近でも、娘が朝「夢に神様が出てきたけど、どうしたらいいの？」と私に聞いてきたりします。遺伝的血統のほかに霊的な血統というのもあるのだなと思います。

健全な野望と豊かさの関係

思想も宗教もたしなみ程度でよろしい。勉強は楽しめる程度でよろしい。、ビジネスは困らない程度にお金が入ればよろしい。しかし何よりも増して、幸せを研ぎ澄ますのだ——と多くの人が考えない限り、国も発展しなければ地球も発展しないと思います。

四大宗教が世界に多くの信者をつくったけれど、本当の幸せを勝ち取れたのでしょうか。国やその国民が幸せを勝ち取れたのか、それが一番大事なのです。

誰もが幸せになりたいという思いを最初から持っていたはずです。ただ、幸せという問題が見えなくなったり、わからなくなったり、絶望したりする人はいます。そういう人たちの孤独な叫びも、それが詩になったり小説になったりすると、魅力的だったりする場合もあります。しかし、そうした哀愁や孤高の人を賛美することが流行することがあるにせよ、幸せの気高さもどこかに教えてくれるものがなければならないと思います。

幸せの意味を摑めない本当に残念な死も、私はたくさん見てきました。

反対に、こんな人は早く来世にいったほうがいいのではないか、という人も山のようにいます。若いときはとくにそう思いました。人を思想の犠牲にして憚《はばか》らなかったり、若い人を支配して、若い人の芽を摘んだり。自分によくしてくれなかったといって、相手を誹《ひ》謗中傷《ぼうちゅうしょう》したり、自分の立場を隠して、裏でこそこそ人の幸せを妨害したり。しかし、一人一人が少しでもそうした要素を削っていかないといけません。そうした偏った考え方や衝動ほど、因果応報の法則が、想像する以上に、明確に働きます。

いまの世の中は、極論から極論へ走る傾向が強くなってきています。その背景の一つは、少子化によって相対的に高齢人口が増え、高齢者の世代の考え方や価値観が幅を利かせすぎて、物事が硬直化してしまうことがあります。俗にいう、老害です。

これは由々しき問題で、たとえばバブル以前の時代は、貧乏なときも豊かなときもあったけれど、若い人の将来に対する希望や、健全な野望のようなものが、たくさんの豊かさを生んだと思うのです。

私は若いころ、時々好奇心に任せて、新宿・歌舞伎町《かぶきちょう》の裏のゴールデン街という酒場の集まる通りに、先輩の編集者などに飲みに連れていってもらったことがあります。そのころは、みんなよく酒に酔っては喧嘩をしていましたが、喧嘩の内容は、発展的な言い合いが多かったという印象があります。そのうち、ひっぱたき合いになったりするのですが、最後は誰かが仲裁に入って、喧嘩を止めて、また仲良く飲み始めたりしていました。そういう不思議な時間をたくさん体験しました。

それを見た私は、頼もしいなと思ったものです。こういう人間関係のありさまが命のほとばしる力になるのだと理解したわけです。若くしてそういう世界に触れたから、そう思えたのかもしれませんが、そこには、「この人の論説は正しい」とか「こいつは間違っている」などという一方的ないがみ合いはありませんでした。

崩れ始めた世代間のバランス

ところが、先日とある地方の温泉宿泊施設を訪れ、温泉に浸かって出てきたときのことです。その施設のロビーの広間に初老の男がいきなり土足で入ってきて、乱暴な言葉で従業員に食ってかかったのを目撃しました。その話を聞くと、「外に止めた自転車のカギが開かない。開かないのはこの土地を管理しているお前のせいだ」という一方的な苦情で、自転車のカギを従業員に向かって床に叩きつけていました。

従業員も対応がうまくなくて、相手は興奮するばかり。周囲のお客を巻き込んだ騒動に発展しました。最後は警察を呼んで、実際に自転車にカギを刺してみると、簡単に開いてしまいました。その後、警察がどのような対応をしたかわかりませんが、そのときにロビーにいた私のような客たちは本当に嫌な思いをしました。せっかく楽しく温泉に入ったのに、気分は台無しになりました。きっと、この人は、まだまだやらかします。

昔も怒る老人はいましたが、止める人もいたし、優しくかばう人もいました。そこに入り込んでいって、捨て身でかばう人とか、「大丈夫よ」といって、その人の話を丁寧に聞いてあげようとする人がいたのです。ところがいまは、そういう側の人がいなくなりました。

私が小さいころは、一〇円を拾って警察に持って行っても、お巡りさんが「よくやった」といって褒めてくれたものです。だから、「交番っていいな」と思ったものです。

いまは逆に、親切で注意した人が攻撃されて被害に遭ったり、責められて犯罪行為に問われたりすることが多くなってしまったわけです。

最近はよく、駅員を殴る年配の乗客が問題になっています。ここまでくると、日本はもう「獣の国」になりつつあるといえなくもありません。

それらを見ると、いろいろな問題で世代間の会話が成り立っていないという現状が、この問題の背景にあるように思われます。学校がうまく開かれて、親子の対話が学校で進むとか、大学で大人社会に入っていったときにどのような問題が起きるかということを教えるとか、そういう教育が著しく欠如しています。

集合無意識は危機的状況にある

「学び」はある種の徒弟制度でないとダメな分野があります。大学を出て就職したとしても、ポンポン転職します。ちょっとでも嫌な上司がいると、すぐ会社を辞《や》めます。すると会社は、若い社員が次々と辞められたら困るので、「お前、何とかしろ」といわれている上司が大量生産されています。上司はパワハラで訴えられたり、弁護士や労働基準局の人間を連れてこられても嫌なので、コンサルタントを連れてきて、コンサルタントに怒ってもらっているありさまです。

その結果、教育そのものの質が悪くなりました。絶対に教育の質を上げなくてはなりません。でもこれは国がメスを入れなくてはいけないのです。日本語の質も落ちています。言葉、感情、思考、感覚、直感がちぐはぐになってきました。

結局はすべて教育の質の悪さに起因します。教育の質の悪さはいまピークにあります。権利主張ばかりするアメリカ式の法律概念がジャブジャブ入ってきた結果です。それをインターネットが育てたのです。日本はいま、かなりきつい状態にあります。

その結果、真面目な人たちがいま一番苦しんで、黙っていなければならない状態になっています。だからみんな、社会の問題を苦々しく思っているはずです。個々の潜在意識や集合無意識の中の不安や不満は膨れるばかり。事は緊急を要します。

能力開発の問題でも、緊迫感が出てきています。ちゃんと個々が真剣に考えて能力開発をしないと危ないぞ、という時代になってきています。もう他人のことを構っていられなくなってきています。それも、お互いが感情を貪《むさぼ》っているからです。

老いの不安は解消できる

易が目指しているのは、感情、思考、感覚、直感のバランスを取ることでもあるのです。それは先述の教育問題にもあてはまるし、世代間のギャップや格差問題など人類が抱えるどのような問題にも適用できます。

それでも、世界で社会が一番安定している国は日本です。老人が増えているから経済的には確かにたいへんですが、道端で子供でさえ野垂《のた》れ死んだりすることはありません。しかし、人びとがわがままになっている部分は差し引かなくてはなりません。養生学とか健康学の世界では昔から、体の幸せと心の幸せは別々の道筋から癒やしていかなければいけないのだという考え方があります。そのことは、中国の古伝気功もそうですが、海外の養生学でも同じことをいっています。

老いるということは、体からの幸せが感じにくくなることです。それを補う意味で、それとはまったく別な「心の幸せ」が存在します。体がいかに衰えたとしても、心を幸せにする方法はいくらでもあります。その方法を教えてくれるのが、易です。どんなに辛《つら》く苦しい状況に置かれても、易によって必ず光明を見出すことができるのです。

易は、自分の未来を予測してくれます。自分の明日の体の調子がどうか、自分の周囲で展開される人生の運命律はどうか、どのような危険があるのか――そういったことを易で知ることによって、老後の生活に対する不安も払拭《ふっしょく》することができるのです。

体の感覚器官が弱くなっていくのは、どうしようもないことです。避けることはできません。視力や聴力は落ちていき、うまく話すこともだんだんできなくなります。だからといって、それが不幸せではないのです。その種の不幸せというのは、物質や肉体に基準を置いた考え方です。

いまの老後の不安感は、物にしがみついてきたから意地汚くなって生じる場合が多いのです。心をしっかりとらえれば、不安感はなくなります。物質偏重ではなく、精神を重視することによって、バランスよく老後の人生を送ることができます。それを手伝ってくれるのが易です。

科学と精神世界が目指すべき道

病気の悩みや健康の悩みに関しては、もう少し医師のいうことを信じるべきでしょう。病院の窓口で喧嘩している患者が多くて、私は驚き呆《あき》れています。とくに歯科医は、すぐに医療訴訟になりがちです。

モンスター的な感覚が、老若男女に広がっています。「新薬を出せ」「保険制度を食い物にしやがって、税金返せ」などの罵詈雑言《ばりぞうごん》が飛び交っています。

確かにダメな医師もいます。ダメな医師ほど、いかに患者から金を取るかに腐心します。そういう医師ほど「自分はいい医者だ」と吹聴《ふいちょう》したりします。

これに対抗するには、いい医師を見つけることができる、バランスのいい「心の体質」をつくることです。いい医師に出会ったり、行き着いたりできる「心の体質」を持つのです。その体質をつくるために、しっかり勉強して、インターネットの書き込みをよく見て、吟味してから、その医師のところにいくべきです。

一番避けたいのは、悪質な医師に騙されて傾倒したあげく、その後、騙されたことに気づいて法廷訴訟になる事態です。これは愚かさの極みです。最初から、そのようなダメ医師のところに行かなければいいのです。

病気にならない、あるいは病気になりにくい心の作り方を学ぶことも重要です。

第一章で紹介したパラケルススの医学も、極めて東洋医学的な要素をふんだんに持っています。西洋医学は、それを切り捨ててきたことが問題です。本来は、心を元気にすることによって、予防医学に発展させればよかったのです。その知恵は、易や養生学に溢《あふ》れています。ところが、西洋医学では、その心の部分を分けてしまいました。個人が自分の健康に自信を持てるようにすることを怠ったわけです。そういう心の部分をもっと大切にしなければいけないのです。そうしてこなかったことがいまの時代の不安の原因になっているともいえます。

親、パートナー、子供、そして家族や社会の人間関係の悩みも、病気の原因の一つになっています。人間関係によって生じる「よい悪い」「好き嫌い」の感情がこじれることによってバランスが崩れ、健康が損なわれていることが背景にあるのです。親子三代で法廷闘争というケースもあります。そのケースでは、曽祖父の時代に巨万の富を築いたのに、毎回親子で訴訟が繰り広げられ、訴訟のたびごとに資産を減らしていきました。

同居している親子間で訴訟し合っているケースも知っています。逆の見方をすると、弁護士がある意味優秀になってきたともいえます。同居する家族間で訴訟を起こさせてしまうくらい優秀なわけです。

こうしたことが起こるのも、心の問題がわからないからです。その心の問題を見るのが、易です。というのも、易は「心の形」を見る学問でもあるからです。心の状態のバランスを見ます。

当然、心の形の違う人同士が、パズルのように合わせようとしたら、あちらこちらでピースがぶつかり合い、くっつけることはできません。もし人間関係をうまくいかせたいなら相手の心の形を悟って、それに合わせた形に自分を変化させればいいのです。易は、この形の変化の仕方とタイミングを示してくれます。幸せにはバランスとタイミングが不可欠な要素であり、それを的確に教えてくれるのが、運の兆しを完璧に読み解く易なのです。

易は、人間の幸せに焦点を当てた総合科学です。易を極めていくと、客観性と普遍性があることが非常によくわかってきます。易が指し示している「望みどおりの幸せな未来を実現する運の宇宙法則」の実践こそ、科学と精神世界が手を携えて歩んでいかなければならない人類のゴールなのです。

あなたの未来を示す
六四の運の宇宙法則

卦　キーワード

1 乾《けん》為《い》天《てん》　王者の創造力

宇宙のパワーが味方につき、望みがかなうとき。短気、高慢《こうまん》にならずに正しい心で積極的に取り組めば、物事はうまくいく。陰陽六個の記号で見ると、春夏秋冬を司る宇宙のパワーがすべて味方になっている状態。まさに生まれたばかりの赤ん坊の状態を表す。人間は生まれながらにして、すべての力が備わっていることを知ることが大事。

2 坤《こん》為《い》地《ち》　受容する力

望みがかなうとき。目先の利益や憎悪の感情を捨て、第六感を信じて従えば、幸運がもたらされる。陰陽六個の記号で見ると、「来るものは拒《こば》まず」という完璧な受動的な姿勢でいる状態。幼児が言葉をどんどん吸収し、親の愛情や自分の肉体、それに大地の恵みを受け入れる状態を表す。深く広く学ぶことによって、自分がどういう目的に向かうかをはっきりさせることができる。

3 水《すい》雷《らい》屯《ちゅん》　努力と持続力

苦しみや困難が待ち受けている始まりのとき。短気にならず努力と忍耐を続ければ、障害を乗り越え、目的を達成できる。陰陽六個の記号で見ると、水のような柔軟性と雷や樹木のように枝分かれする発展性がある状態。それは幼児が毎日の努力と継続によって、肉体や精神を養い、鍛えていく様《さま》そのもの。努力と持続力によって、やがて言葉が話せるようになったり、立って歩くことができるようになる。

4 山《さん》水《すい》蒙《もう》　未熟さの自覚

まだまだ未熟で、知恵を学ぶべきとき。未熟さを自覚して、謙虚に学べば、未知の可能性が溢《あふ》れだす。陰陽六個の記号で見ると、水のような柔軟性がある一方、山のような大きなパワーを持っている状態。学ぶことがめじろ押しの幼少期の状態を象徴している。望みを達成するには、知識や経験が大事であることを諭《さと》している。

5 水《すい》天《てん》需《じゅ》　積極的に待つ

チャンスが到来するのを積極的に待つとき。不安を捨て去り、直感を磨いて機を逃さなければ成功する。陰陽六個の記号で見ると、天のパワーと水のパワーが合わさって、大地の上に雲が湧き上がり、まさに恵みの雨が降ろうとしている状態。未熟さを自覚した後、大人になることを焦らずに、コツコツと勉強しながら機が熟するのを待つ状態を象徴する。チャンスを見逃さないためにも、リラックスして第六感を研《と》ぎ澄《す》ますようにする。

6 天《てん》水《すい》訟《しょう》　闘争と激突

自分の怒りや敵意によって左右されやすいとき。視野の狭さを認め、誤解を正し、専門家の忠告を謙虚に聞けば、解決できる。陰陽六個の記号で見ると、上昇する天のパワーと落下する水（滝）のパワーがすれ違っている状態。原因は自分にあるのに、それに気づかないまま周囲に戦いを挑もうとするため、頭を冷やして、戦いのエネルギーを自分の内側に向けること。

7 地《ち》水《すい》師《し》 自己制御

群衆のようにさまざまな思いが湧き上がってくるとき。軍隊を統率する指導者のように自分の思いを整理して見直せば、運命を切り拓《ひら》ける。陰陽六個の記号で見ると、一本の陽が五本の陰を統率している状態。力を蓄えてきたが、まだその力をまとめることができないでいる面も。バラバラになっている思いや力を整理して一つにまとめる必要がある。

8 水《すい》地《ち》比《ひ》 親和力

人との協力によって計画を進めるとき。自分と折り合いをつけ、相手に合わせれば、大きく前進できる。陰陽六個の記号で見ると、水が大地に浸透して馴《な》染《じ》んでいく状態。いろいろな縁に恵まれる時期であり、人と親しむことの大切さを知って、交友関係を広げるとよい。

䷈

9 風《ふう》天《てん》小《しょう》畜《ちく》 自分を抑える勇気

小さな障害があって不安定なとき。時がくるのを信じて、慌てずにゆっくりと歩めば、目的は達成できる。陰陽六個の記号で見ると、不安定な風の力を宇宙の力が押し出そうとするような状態。猛烈な力を秘めているが、まだ不安定な状態であるため、小さな障害にはとらわれず、どっしりと構えることが大切。

䷉

10 天《てん》沢《たく》履《り》 虎の尾を踏む

虎の尾を踏むようなピンチのとき。恐怖心を克服し、正しい心で向き合えば、危険を回避して自信や勇気を獲得することができる。陰陽六個の記号で見ると、沢に溢《あふ》れる水を天のパワーが抑えつけているような状態。日常生活でいえば、危険な誘惑を避ける賢さが求められるときであり、毅《き》然《ぜん》とした態度で誘惑を退ける必要がある。

䷊

11 地《ち》天《てん》泰《たい》　平和と安定

天と地の二つの力がうまく噛み合う盛運のとき。いたずらに変化や冒険を求めず、ゆったりと穏やかな気持ちで臨めば、運気を維持できる。陰陽六個の記号で見ると、上昇する天のパワーと下降する地のパワーががっちりと融合している状態。すべてが順調に進んでいる一方、性急な行動をとって運気を乱さないよう、どっしりと構えていた方がいい。

䷋

12 天《てん》地《ち》否《ひ》　停滞と逆境

希望や計画の達成が難しい運気停滞のとき。焦らずに、堅実に行動し、広い視野で物事をとらえ直せば、現状を打開できる。陰陽六個の記号で見ると、天のパワーが上昇し、地のパワーが下降するため、二つのパワーがバラバラになっている状態。すべてがうまくいかずに焦《あせ》っている状態なので、気持ちを穏やかにして安定させる工夫が必要。

䷌

13　天《てん》火《か》同《どう》人《じん》　協力と公平

多くの人と広く協力して事に当たるとき。公明正大に偏《かたよ》りなく接すれば、チームワークの力で大きな目標を達成できる。陰陽六個の記号で見ると、火のエネルギーが天の力を得て外に向かって開放的に出ている状態。誰にでも公平に接し、周囲の人と協力しながら一つの目標を達成しようとすると、うまくいく。

䷍

14　火《か》天《てん》大《たい》有《ゆう》　大量に所有する

大いなる力を有し、たいていの望みがかなうとき。奢《おご》ることなく、大きな夢に向かって楽しく進んで行動すれば、幸福はどんどん膨らんでいく。陰陽六個の記号で見ると、火のようなパワーと宇宙（天）のパワーの二つをがっちりと手にしている状態。大きなチャンスを掴むことができる一方、金銭感覚がマヒしないように気をつける必要がある。

䷎

15 地《ち》山《ざん》謙《けん》　謙虚さと柔和さ

自分の力を過信せず、謙虚な姿勢でいるとき。力をひけらかすのではなく、控えめで穏やかな態度を取れば、自然と幸せがやってくる。陰陽六個の記号で見ると、大地や山のように静かで大きなパワーを持っている状態。ソフトな物腰と優しい言葉と笑顔で、周囲の人を穏やかな気分にさせるとよい。いたずらに冒険を求めるのは、心を乱すので要注意。

䷏

16 雷《らい》地《ち》予《よ》　熱意と行動

春の訪れを告げる春雷のように、チャンス到来のとき。熱意を持って、心の底から楽しんで行動すれば、大きく飛躍することができる。陰陽六個の記号で見ると、春雷によって大地の中で眠っていた種子が長く苦しい冬を経て芽吹く状態。積極的に行動することによって春（青春）を謳歌《おうか》できる。

䷐

17 沢《たく》雷《らい》随《ずい》　従順

流れに逆らわず、従うとき。従属するのではなく、人の話に耳を傾け、時勢や状況に従い、第六感に自ら喜んで従えば、好ましい方向に進むことができる。陰陽六個の記号で見ると、上三つは「喜び」、下三つは「行動すること」を表す。時の流れに従って、生きる喜びを得る状態であり、素直に従うといい展開が待っている。

䷑

18 山《さん》風《ぷう》蠱《こ》　腐敗

物事が腐敗しているとき。腐敗の原因となる病巣をバッサリと切り捨てるなど大胆な対策を取れば、大きく事態を好転できる。陰陽六個の記号で見ると、風のエネルギーが山によってとどめられることで淀《よど》みが生じ、物が腐敗していく状態。虫のついた食べ物のように、腐った部分があるという暗示となる。問題を抱えたまま放っておかずに、自分の中のマイナスの感情を見直す必要もある。

䷒

19 地《ち》沢《たく》臨《りん》 その時がくる

待ちに待ったチャンスが近くまできているとき。心身ともに準備を整え、タイミングよくチャンスをとらえれば、成功することができる。陰陽六個の記号で見ると、自分自身は大きなパワーで満たされている状態。いつでも飛び出していける準備だけは忘れずに。

䷓

20 風《ふう》地《ち》観《かん》 観察と熟考

いろいろな状況を広範囲にわたって余すところなく見るとき。状況をつぶさに観察して、熟考を重ねれば、開運することができる。陰陽六個の記号で見ると、風が四方にわたって大地を吹き抜ける状態。ふらふら動き回らずに、いまはじっと静かに四方を余すところなく観察することが重要。じっくり考えた末に、慎重に行動するとよい。

21 火《か》雷《らい》噬《ぜい》嗑《こう》　噛み砕く

強い力でじっくりと噛み砕くとき。問題や課題を後回しにせず、よい習慣を身につけるなど段階を踏んで進めば、解決することができる。陰陽六個の記号で見ると、上下のあごで口の中のものを噛み砕こうとしている状態。難問山積でいく手を阻んでいるが、たじろがずにじっくりと取り組めば、道は開ける。

22 山《さん》火《か》賁《ひ》　華やかさと確かさ

夕日が照り映える山のように美しいとき。本質をしっかり見極めて、外見や心を美しく飾れば、恩寵《おんちょう》を受けることができる。陰陽六個の記号で見ると、山裾《やますそ》に火のような夕日が美しく照り映えている状態。自分自身を美しく飾ると運勢が開けていくが、表面を飾りすぎるのはマイナス。自分自身を見つめ直すことも必要。

䷖

23 山《さん》地《ち》剝《はく》 剝奪

いまにも地滑りが起きそうな危ういとき。状況が変わるまで慌てないでじっと待ち、内面の力を蓄えておけば、運勢も開けていく。陰陽六個の記号で見ると、軟らかい地面の上に大きな山が載り、いまにも地滑りが起きそうな危険な状態。無理に行動すると足下から地盤が崩れるので、いまはジタバタしないで、嵐が過ぎ去るのを待つとよい。

䷗

24 地《ち》雷《らい》復《ふく》 回復

運勢が大きく好転し、回復するとき。しっかりとした計画を立て、自信を持って積極的に行動すれば、運命をよい方向へ大きく変えることができる。陰陽六個の記号で見ると、暗闇に閉ざされていた世界に太陽が昇ろうとしている状態。誰にも頼らずに、とにかく回復を待てという意味。新しい運命の波を受け入れる決意をして、いままでよくないと思っていたことを改めるなど思い切った決断が必要となる。

䷘

25 天《てん》雷《らい》无《む》妄《ぼう》 素直さと無邪気さ

自然のままの無垢《むく》な状態のとき。妙な作為をせずに、子供のように素直な心で行動すれば、本来の力を正しく引き出すことができる。陰陽六個の記号で見ると、天のパワーが稲妻となって大地に届き、すべての生命を活性化させる状態。策略や知略をめぐらしたりせず、自分をいつわらずに自由自在にふるまえば、運が開けていく。ただし手を広げすぎると、軋轢《あつれき》を生む。

䷙

26 山《さん》天《てん》大《たい》畜《ちく》 蓄積と抑止

大きな力を蓄えながら停滞しているとき。知識を広げ、見聞を蓄え、自分を豊かにする地道な努力と忍耐があれば、その後大いに飛躍できる。陰陽六個の記号で見ると、「天」に象徴されるエネルギーが「山」の中にたくさん蓄えられている状態。激しい行動はとらずに、将来の飛躍に備えてエネルギーを正しく使う知恵を学ぶ必要がある。

䷚

27 山《さん》雷《らい》頤《い》　養生する

心身の養生が必要なとき。正しい知識や栄養を吸収しながら実力や英気を養えば、心身ともに豊かになることができる。陰陽六個の記号で見ると、口から食物を摂取し、自分の身を養うため栄養を取り入れている状態。心身ともに弱っている状態にあるともいえ、より健康な体を手に入れ、より豊かな人間性を育てるために、よいものだけを厳選して取り入れることが重要。

䷛

28 沢《たく》風《ふう》大《たい》過《か》　過剰、過大

負担が大きすぎて危険なとき。自己過信せずに現状を正確に把握すれば、過剰な重荷を軽減することができる。陰陽六個の記号で見ると、弱い者が強い者を支えている、負担が大きすぎる状態。ついつい課題や問題を背負い込んでしまう状態なので、やるべきことに優先順位をつけて、状況を整理していく必要がある。

29 坎《かん》為《い》水《すい》 溺れる

深みに落ちていくような危険なとき。無謀なことは避け、慎重な姿勢を崩さずに、あえて困難に立ち向かえば成果を得ることができる。陰陽六個の記号で見ると、上も下も溢《あふ》れんばかりの水で危うい状態。下手《へた》に動かずに、状況を正確に見極めてから、一歩を踏み出すことが肝要。

30 離《り》為《い》火《か》 まといつく炎

火のようなものにまとわりつかれているとき。冷静で正しい姿勢は幸運をもたらすが、間違えると争いや離別に発展する。陰陽六個の記号で見ると、いろいろな人との感情のまとわりができてしまい、人間関係が「感情のもつれ」などで雁《がん》字《じ》搦《がら》めになっている状態。その状態に気づいたら、一歩下がって少し冷静になること。

31 沢《たく》山《ざん》咸《かん》 感情の交流

お互いの感情を通わせ合う時期。過度に感情に流されずに、理性を保ちながら豊かな感受性を前面に出して接すると、うまくいく。陰陽六個の記号で見ると、上三つが「少女」で、下三つが「少年」を表す。つまり、男女間などで感情の交流が始まった状態。一方的な感情の押しつけ合いではなく、お互いの心を通わせ合う人間関係を構築することが重要。

32 雷《らい》風《ふう》恒《こう》 持久力

継続していくべきとき。目先の変化に惑わされたりせず、目的意識を持続していけば、必ず成功することができる。陰陽六個の記号で見ると、雷と風という異質なパワーが影響を及ぼし合っている状態。外見上の変化はあっても、それを動かしている法則や目標はつねに同じであることを表している。何かを続けることの大切さを考える必要がある。

䷠

33 天《てん》山《ざん》遯《とん》　勇気ある逃走

勇気ある撤退《てったい》をするべきとき。これまでの努力に固執せず、潔《いさぎよ》く退却すれば、深追いして傷を負うこともなく、多くの利益を得ることができる。陰陽六個の記号で見ると、登山をしていて頂上まであと一歩というときに、天候が大きく崩れようとしている状態。逃げるのは恥でなく、逃げることの大切さ、引き際の鮮やかさを学ぶことが重要。

䷡

34 雷《らい》天《てん》大《たい》壮《そう》　大きな力

運勢的に非常に強く、勢いがあるとき。調子に乗り過ぎずに、精一杯前に進めば、運気が上昇して勝利することができる。陰陽六個の記号で見ると、雷が天にとどろく壮大な様子を示している状態。強い運勢によって大きな課題に取り組んでも難なくクリアできる。突き進めば運気はさらに上昇するが、慢心や傲慢《ごうまん》に陥らないように要注意。

35 火《か》地《ち》晋《しん》 一歩ずつ前進

すべてが順調で、少しずつよくなっていくとき。用意周到に計画を立て、迷わずに進めば、すべてがよく治まって、豊かになっていく。陰陽六個の記号で見ると、大地の上を太陽が少しずつ昇っていくような状態。堅実な計画を立てれば着実に前進できるが、注意を怠ったり迷いがあったりすると、トラブルになる可能性も。

36 地《ち》火《か》明《めい》夷《い》 闇に閉ざされる

世界が暗闇に閉ざされているとき。逆境にいても公明正大な態度を保ち、自分の中の闇を少しずつ取り除いていけば、光明が見えてくる。陰陽六個の記号で見ると、大地の上を照らすべき太陽が地下に潜《もぐ》り、世界が暗闇に閉ざされている最悪とも呼べる状態。いまはひたすら耐えて、自分を律しながら一筋の光明を待つ。

䷤

37 風《ふう》火《か》家《か》人《じん》 家庭

家の中が順調であるとき。第六感を含む女性的な力が正しく発揮されれば、家庭は平和に治まり、幸せを育むことができる。陰陽六個の記号で見ると、家の中の上下の序列がきちんと守られている状態。アットホームな愛を育むなど家族の愛に立ち返ることが極めて重要。

䷥

38 火《か》沢《たく》睽《けい》 対立

お互いがそっぽを向いてしまうとき。意見が食い違っても、お互いが歩み寄って理解を深めれば、対立を調和に変えることができる。陰陽六個の記号で見ると、火と水が相《あい》容《い》れないように対立している状態だが、思いの丈《たけ》を打ち明け合えば、仲直りすることも可能。

39 水《すい》山《ざん》蹇《けん》　目前の障害

行《ゆ》く手を阻まれて立ち往生しているとき。自分の力をよく知り、経験豊富な人の知恵を借りれば、困難を克服することができる。陰陽六個の記号で見ると、山と川に行く手を阻まれて立ち往生している状態だが、逆に「背水《はいすい》の陣」を敷いて爆発的なパワーを引き出す手もある。

40 雷《らい》水《すい》解《かい》　雪解け

ようやく苦しい時期を脱し、緊張感が少しずつほぐれてくるとき。心を解放しながら周囲の人を許し、すべきことに素早く対応すれば、幸運が舞い込む。陰陽六個の記号で見ると、上三つが「春雷」、下三つが「冷水」を表し、厳しい冬を脱しつつある状態。運気が上昇してくる一方、はしゃぎすぎると落とし穴があるので注意が必要。

41　山《さん》沢《たく》損《そん》　損して得とれ

何かが減っていくとき。何でも増やせばいいというものではなく、考えようによっては減らした分だけ豊かになることができる。陰陽六個の記号で見ると、大地が削り取られて沢となり、山が深くなっていく状態。逆転の発想で大地が減った分だけ山が高くなると考え、この際、いらないものや減らしたいものをいい意味でリストラして、本当に必要なもののためにスペースを空けておくと、実際に手に入ることもある。

42　風《ふう》雷《らい》益《えき》　増えていく

どんどん勢いが増していくとき。物質的な財産を増やすことにとらわれずに、内面の豊かさを蓄えることに注力すれば、物質的豊かさも自然と集まってくる。陰陽六個の記号で見ると、風と雷が呼応してどんどん勢いを増していく状態。大きな目標を達成できる一方、増やすことに夢中になると足を引っ張られるので要注意。

43 沢《たく》天《てん》夬《かい》 決断のとき

白黒をはっきりさせる決断を迫られるとき。いきなり過激な決断を下すのではなく、筋道を立ててじっくり考え、穏やかな状態で決断すれば、うまくいく。陰陽六個の記号で見ると、一人の小悪人を五人の賢人が糾弾しようとしている状態。短絡的に武力に訴えるのではなく、周囲の理解を求め、順序を踏んで事を進める必要がある。

44 天《てん》風《ぷう》姤《こう》 出会い

思いがけない男女間の出会いがあるとき。予期せぬ出会いが訪れるので、その機運を有効に利用するとよい。陰陽六個の記号で見ると、「娘一人に壻《むこ》八人」といった状態であるため、男性の場合は女性に翻弄《ほんろう》されないように注意し、女性の場合は積極的に行動すると、うまくいく。

䷬

45　沢《たく》地《ち》萃《すい》　盛りだくさん

人をはじめ、さまざまなものが集まってくるとき。集まってくる人たちにとって自分自身が正しい意味で役に立ち、楽しい人間であれば、幸福になれる。陰陽六個の記号で見ると、潤った地に草が茂るように自分の魅力に惹《ひ》かれて大勢の人が集まってくるような状態。有《う》頂天《ちょうてん》にならず、集まってきた人をよく見定めて、一人一人大切に接することが肝要。

䷭

46　地《ち》風《ふう》升《しょう》　天を目指す

木が成長するように、いままさに伸びていくとき。焦らずに、経験豊富な人の意見を聞くなど知恵や知識を吸収すれば、大きく成長できる。陰陽六個の記号で見ると、大地の下に木の芽と根が育っている状態。天を目指して伸びていく一方、数々のドラマやアクシデントも待ち受けている。

䷮

47 沢《たく》水《すい》困《こん》　苦難

苦難がもたらされているとき。困難に直面してもくじけずに、言葉よりも誠意ある態度を示せば、解決することができる。陰陽六個の記号で見ると、沢の水が裂け目からどんどん流出してなくなっていく状態。水を涸《か》らさないためには、言葉の重さや意味を再認識して自分のコミュニケーション能力を高めていく必要がある。

䷯

48 水《すい》風《ふう》井《せい》　井戸

〝井戸〟の存在を見直すとき。身近にある大切なものや人を見直して感謝し、潜在意識を健康的に活用すれば、うまくいく。陰陽六個の記号で見ると、人々が井戸にきては水を汲《く》み上げている状態。地下に眠る水脈は人間の潜在意識に眠るパワー、すなわち直感力を意味する。井戸から水を汲み上げるように、潜在意識から直感を得れば困難を打開できる。

49　沢《たく》火《か》革《かく》　革命のとき

革命や変革が起こるとき。改めるべきところは改めて、心の準備を進めて時期を待てば、変革はよい方向で成就する。陰陽六個の記号で見ると、鎮められていた火のエネルギーが解き放たれるように自分の殻を脱ぎ捨てて、新たな環境で自己変革を求められる状態。待ちに待ったチャンスが訪れたと思って、大胆に行動するとよい。

50　火《か》風《ふう》鼎《てい》　鍋で煮る

安定して満ち足りた状態のとき。より具体的な計画を立て、人の協力を十分に得れば、目標に向かってどんどん進んでいくことができる。陰陽六個の記号で見ると、火にかけられた鍋がちょうどいい具合に煮えている状態。賑《にぎ》やかで活発な運気が到来したので、いろいろなことに挑戦するとよい。

䷲

51 震《しん》為《い》雷《らい》　大逆転、大発展

驚天動地《きょうてんどうち》の大飛躍がやってくるとき。緻密な計画と明確な目的を持ち、ここ一番で奮起すれば、大躍進を遂げることができる。陰陽六個の記号で見ると、爆発的に作用する雷のような力がいま、自分の中にある状態。自分を見失いさえしなければ、周囲にもいい影響を及ぼし、大発展が可能となる。

䷳

52 艮《ごん》為《い》山《さん》　不動

動かずにじっとしているとき。余計な嘴《くちばし》を挟《さしはさ》まないようにして、どっしりと構えて心静かに想像力を働かせれば、うまくいく。陰陽六個の記号で見ると、二つの山が隣り合って静かに佇《たたず》んでいる状態。行動を控えめにして、古くからあるよいものに親しむと運気が向上する。

53 風《ふう》山《ざん》漸《ぜん》 緩やかな発展

穏やかに発展していきつつあるとき。「運がよくなりつつある」と現在進行形で自分の明るい未来や夢を自分に語りかければ、大いに効果を発揮する。陰陽六個の記号で見ると、山の上の木が日差しを浴びて徐々に育っていく状態。背伸びをせずに、自然に任せて少しずつ環境を整えていけば、運気を摑むことができる。

54 雷《らい》沢《たく》帰《き》妹《まい》 未熟

未熟で不釣り合いなとき。男性には思いがけない災難が、女性には背伸びにより無理が生じるので、身を引いたり撤退したりするとよい。陰陽六個の記号で見ると、上三つが「年長の男性」、下三つが「少女」を表し、まだ年端《としは》もゆかない少女が年長の男性を追って嫁《とつ》いでいく状態。自分の心身に不釣り合いな状態であるため、場合によっては「勇気ある撤退」の必要性が出てくる。

55 雷《らい》火《か》豊《ほう》　豊かさ

とても豊かで盛大なとき。まだ足りないと不満を持つのではなく、すでに豊かなのだと考え感謝すれば、一層豊かになれる。陰陽六個の記号で見ると、雷にも炎にもたとえられるような強大なエネルギーを溢《あふ》れんばかりに持っている状態。盛大であればあるほどうまくいくので、気を大きく持って行動するとよい。

56 火《か》山《ざん》旅《りょ》　放浪

目的を持たず、さまよっているとき。目的を明確にして自分の未来に自信を持てば、人生を豊かな旅にすることができる。陰陽六個の記号で見ると、火と山の大きなパワーを持って、自分の居場所を離れ、見知らぬ場所へ赴《おもむ》く状態。旅には多かれ少なかれ危険が伴うが、旅先で見たことや聞いたこと、体験したさまざまなことは、人生にかけがえのないものをもたらす。

䷸

57 巽為風《そんいふう》 自然体の魅力

緊張を解き、リラックスするとき。不本意な展開があっても受け流し、何ものにもとらわれず、風のように自由で争わなければ、うまくいく。陰陽六個の記号で見ると、そよそよと心地よく吹く風のような状態。変幻自在に行動することによって、運勢はよい方向に開けていく。

䷹

58 兌為沢《だいたく》 重なる楽しみ

喜ばしく楽しいとき。少々のことは気にせずに、いまの状態を手放しで喜び楽しめば、運気はますます上昇する。陰陽六個の記号で見ると、喜ばしいことや楽しいことが重なっている状態。チマチマとした楽しみ方よりも、少々豪華な楽しみ方をした方がよい。

59 風《ふう》水《すい》渙《かん》 春の予感

春の雪解けのように、長く辛《つら》い時期が過ぎ去ろうとしているとき。一気に物事の成就を望まず、焦らずに周囲の人たちと協力すれば、成功する。陰陽六個の記号で見ると、凍《こお》らんばかりに冷たくなった水の上を春風が吹き始め、少しずつ水をぬるませていく状態。冬の寒さによる緊張感は少しずつほぐれ、これまでの努力と誠意が報いられるようになる。

60 水《すい》沢《たく》節《せつ》 節度、節目

何かが限界のところまできているとき。限界にあることを自覚したうえで、引き下がるか挑戦するかを見極めて行動すれば、解決できる。陰陽六個の記号で見ると、水がほどよく沢にたたえられている状態。そのほどよさと限界を知ることによって、解決法がわかってくる。

䷼

61 風《ふう》沢《たく》中《ちゅう》孚《ふ》　誠心誠意

誠実さや誠意が必要なとき。虚栄を廃《はい》して、他人に対してだけでなく自分自身にも誠実であれば、大きな成功を得ることができる。陰陽六個の記号で見ると、沢に風が吹き、さざ波を立てている自然な状態。邪念を持たずに誠意ある行動をとれば、運気が上昇していく。

䷽

62 雷《らい》山《ざん》小《しょう》過《か》　あと半歩の勇気

いろいろなことでいき過ぎているとき。過信せず、過小評価もせず、じっくりと判断して、できるところから手をつければ、うまくいく。陰陽六個の記号で見ると、山の上に木が茂ったり、雷が鳴り響いたりするなど、不動の山が上から少し騒がしくなってきている状態。やや行き過ぎているが、与えられた環境の範囲内できちんとこなしていく勇気が必要。

63 水《すい》火《か》既《き》済《せい》　完成

収まるべきところに収まっているとき。完成したと思えば次の目標に向かって進み、満ち足りていれば穏やかに行動すると、うまくいく。陰陽六個の記号で見ると、下から交互に陽陰陽陰陽陰となっており、本来あるべき位置に収まった完成形の状態。下手に手を加えると秩序が崩れてしまうので、あまり過激にしないで、穏やかに行動するのがよい。

64 火《か》水《すい》未《び》済《せい》　未完成

時はまだ至らず、未完成なとき。努力して自己鍛錬《たんれん》し、才能を磨けば、素質も才能もやがて開花させることができる。陰陽六個の記号で見ると、下から交互に陰陽陰陽陰陽と完成形が逆転した状態になっている。未完だが、そこには美しさもあり、次の高みへの道筋が見えてきている。

●八卦の基本性質・人間像一覧表

	基本性質・人間像の目安	気をつけること	力を強めるグッズ・シンボル	向いている職業
1 乾(けん)の人	人に頼らず、何事も自分で率先してやろうとする性質。積極性や指導力はあるが、選り好みが強く、やがて孤独になったり、独裁者になったりする場合もある。	唯我独尊にならずに、たまには人を頼りにした方がうまくいく。目的をつねにはっきりさせ、見誤らないこと。高い場所に行って星を見たり、宇宙のことを考えたりするとよい。イメージの拡大がテーマ。	天、宇宙、ジェット機、高級車、高級品、高層ビルの最上階、青空、雲、円形や球形、灰色、北西。食べ物は、高級食材、果実、大豆などの種。多くの人が認めるもの、極めたもの。	経営者、政治家、宗教家、芸能人。集団のリーダー、思想家、監督、プロデューサー。
2 兌(だ)の人	快活でコミュニケーション能力が高い性質。天真爛漫で雄弁だが、言葉が過ぎることがある。プレゼンテーションや営業で能力発揮する人が多い。	しゃべりすぎないで、いわないタイミングを計ること。湖や湿地帯、渓谷にいくとよい。唇や喉をつねに潤わせておくのもよい。アクセサリーは運を上げる力になる。	沢、お金、花、子供、金属製のもの、キラキラ光る宝石類、刀、ボート、白い動物、三日月、白色と金色、西。食べ物は、白身魚、鶏肉、大根、蕪、白菜、豆腐、牛乳、白ネギ、エビ、バナナ、オリーブ油、マヨネーズ。	金融業、流通業、営業、外交員、ブロガー、アナウンサー、司会者、教師、歌手。広告代理業、広報、船に関わること。

3 離(り)の人	4 震(しん)の人
熱意や激しさを持ち、おしゃれなど表面を着飾ろうとする性質。裏がなく情熱的である一方、感情的になりやすい面がある。情が第一となりやすい。自分も他者も感情が良くなることを考える。	人間関係を最優先する性質。協和的で協調性に優れているが、「寄らば大樹の陰」で他動的・受動的になる傾向もある。
表面的なことにこだわりすぎないこと。プライドを傷つけられたときでも怒らずに、心を鎮める。心の傷を回復させることが重要。灯(照明)を拭いてきれいにしたり、シャンデリアなどで照明を明るくしたり、皮膚や髪の毛をよく手入れしたりするのもよい。	どういう集団に属するかを見極めること。つねに人に囲まれているとよい。年をとっても一人で隠居しない。家族と同居をするか、ちょっと賑やかな所で暮らす方が生命が強くなる。
火、あでやかなもの、光、火山、甲殻類、大型の鳥、野鳥、三角形、赤色、南。食べ物は焼き魚、赤身、焼き肉、甲殻類、酒(特に赤ワイン)、赤唐辛子、トマト。昆虫、鎧、映画、印刷物、本、写真、花、仮面、照明。	雷、植物、森、林、祭、音楽、電気製品、街の人ごみ、長方形・円柱、青色と緑色、東。食べ物は青物野菜、ワサビ。枝、複雑化するもの。プログラム、考えるもの、パズル。
作家など文筆業、演出家、写真・映像関係、芸術家、デザイナー、漁業。外交的な事業。花を扱う仕事。	イベント企画、大企業の社員、林業・造園業、電気・家電産業、音楽業界。何かを育てる仕事。

	5 巽(そん)の人	6 坎(かん)の人
基本性質・人間像の目安	抑圧や混乱から解放され、自由になろうとする性質。伝統や規則にこだわらず斬新なことをする半面、無責任なところもある。旅をすること、動くことが好き。	何事も深く掘り下げる性質。集中力があり、賢者的である半面、オタク(閉鎖的)になり、社交性を失う場合もある。
気をつけること	自由を履き違えないこと。なるべく逃げないようにする。風の通り抜ける高原や岬の突端にいくとよい。台風や嵐のあとに新しいことに挑戦すると意外に発展する。	周囲をよく見て、環境を掌握すること。空気を読み、相手の気持ちをわかろうと努力する。気が散らないで落ち着ける勉強部屋があるとよい。
力を強めるグッズ・シンボル	風、風に舞うもの、布、繊維、糸、毛、草原、雲、台風、煙、紙飛行機、自転車、シャボン玉、曲線・波形、紫色、南東。食べ物はそば、うどん、パスタなど麺類、つるもの、紫芋、キノコ、胡椒、塩。	水、滝、雨、断層、穴、割れ目、井戸、洞窟、首の長い花瓶など凹型のもの、黒色、北。食べ物は昆布、黒ゴマ、海苔など黒いもの、つくだ煮、イカ墨、ソース。
向いている職業	レーサー、パイロット、冒険家、繊維・織物関係、書道家、理容師、麺類など細くて長いものに携わる仕事。乗り物に関わる事。冒険家。	匠などの職人・達人、ゲームなどのプログラマー、専門家、修行者、研究者。

7 艮(ごん)の人	8 坤(こん)の人
積み上げたり、伝統的なものを踏襲したり、歴史的なことを調べたりすることを好む性質。持続性、計画性、忍耐力がある半面、頑固になりやすい。	寛大で親和性があり、受容力がある性質。包容力があり安定感がある半面、八方美人的ですべてを受け入れてしまうので、内部で混乱や矛盾が生じることがある。
意地を張らず、寛容になること。マンネリに陥らないようにする。本や資料を整理したり、図書館や古本屋、骨董品屋、古い神社に行ったりするとよい。	何でもかでも受け入れるのではなく、時には良く選ぶこと。安請け合いをしない。大地を感じられる場所や先祖とつながれる場所にいくとよい。
山、丘、山岳、立石、磐座(いわくら)、凸型のもの、藍色、北東。食べ物は、紫蘇、ナスの漬物、醤油。神社、寺、城、遺跡、博物館。	大地、陶器など土のもの、畑、田園、砂、泥、平野、地球儀、細(さざれ)石、正方形、桃色・橙色。食べ物は、カボチャ、人参、ジャガイモ、豚肉、米、パン、味噌。
歴史研究家、伝統継承者、公務員、登山家。学芸員、先生、研究者、伝統工芸作家、考古学者。	カウンセラー、旅館業、農業、陶芸家、細工職人、薬剤師、パティシエ、和菓子職人、プログラマー。

あとがき

スプーン曲げ少年が幸せをつかむまで

私の人生は、まさにジェットコースターのような激しい運勢の波の連続でした。中学生のときにスプーン曲げ少年の一人としてテレビにも取り上げられるなどして、もてはやされました。しかし、それも束の間、大手新聞社の週刊誌が「スプーン曲げはインチキだ」と報じると、一転して嘘つき扱いされ、メディアから激しくバッシングされました。

別にスプーン曲げは、脚光を浴びようとしてやって見せたわけではありません。むしろ、人間にはそういう能力があることを知ってもらおうとして、ただやって見せただけなのです。もちろん、当時は若かったですから、「わかってくれ！　わかってくれ！」と、ちょっと躍起になり過ぎていた面はあったかもしれません。その結果、「単に目立とうとしているだけだ」と思われて、いじめにも遭いました。

いまから思うと、当時の私は「俺が、俺が」という感じで自意識過剰で、かつ、訳のわからないことをよくいっていたように思います。しかし、本当に私が伝えたかったことは、念力でスプーンが曲がることではなく、まさにこの本に書いたように、人間は運命の波を自由自在に乗りこなす宇宙サーファーになることができるのだということだったのではないかと、いまでは思っています。

超能力などあるのは当たり前です。日本人の七割の人が「虫の知らせ」を体験したことがあるという調査結果すらあるくらいです。一方、大量兵器を生み出す科学は、人間を一見便利にはしますが、便利さ漬けにして人間を堕落させもします。ユングはそれをたいへん危惧しました。

その点、精神世界は、科学に欠落した人間の心の部分を大切にします。その心の状態が環境と連動していることもわかっています。つまり人間は、「変えることができるのだ」と思って、イメージを変えて、出会いの仕方を変えて、タイミングの読み方を理解できれば、劇的に人生を変えることができるわけです。その一助となるのが易です。

スプーン曲げをしていたころは、はっきりいって面白いとは思いませんでした。実際、そのころスプーンを曲げられる子はたくさんいましたが、みんなその先の運命たるや惨憺《さんたん》たるものでした。最初はもてはやされましたが、インチキだと罵《ののし》られ、かえってそのインチキでスプーンを曲げる手品師の方がもてはやされるようになりました。

超能力によるスプーン曲げを否定する手品を、テレビでイライラしながら見なければならなくなるようなありさまです。

とにかく私はスプーン曲げが面白くないと思ったわけです。スプーンを曲げても、そのスプーンではカレーが食べられなくなるだけです。最初は超能力を認めた物理学者たちも、否定する物理学者が出るようになると、「我《われ》関せず」とダンマリを決め込みました。彼らにとって超能力は「他人事《ひとごと》」なわけです。

念力の念は「今の心」と書きます。その「今の心」をスパーンと通すということがどういうことかを、私はその後徹底的に研究しました。私が私自身を実験台にして研究しつくしたのです。予知能力を特集した雑誌の公開企画で、競馬や宝くじを当てたこともあります。でも、そういうレベルの話の問題ではなくて、幸せになろうと決めて研究していたら、幸せになる方法が明確にわかったのです。

当時スプーンを曲げていた私は、幸せになれるという信念はどこにもありませんでした。実際、スプーン曲げをやっても、最初は「ヨイショ」されて、あとで落とされて終わりです。最初は手を叩いて喜んでくれた学者もメディアも、知らん顔になり、誰も助けてくれませんでした。超能力をタネと仕掛けで再現する手品師がもてはやされ、タネも仕掛けも持たないホンモノの能力者は蹴落《けお》とされたのです。

いまは、自分が経験してデータ収集してきたことをすべて本にして吐き出して、みんなに伝えようとしています。それらは、運のつかみ方とそのタイミング、運のからくり、そして運命はどのような状況にあっても自分中心に回っているのだということです。

地に足をつけて階段を着実に上るために

人は、不幸なことは他人のせいにしがちです。他人の生霊がそうさせたとか、先祖の因縁があるなどという人もいます。しかし、そんなことはありません。先祖や霊などより、この世界に生きている人が一番強いのです。その人が念をしっかり持てば怖いものなどないのです。その人がしっかり念を持たないから、霊といったフワフワしたものにさえ、たぶらかされてしまうのです。

怪しい宗教に振り回されて大金を失うなど愚の骨頂。だからあいつが悪い、こいつが悪いなどというのも言語道断です。そのような考えでは、人生の階段を転がるように転落するだけです。幸せどころか地獄行きです。

いま、この階段を着実に上るのか、転げ落ちて地獄にいくのか、しっかりと心を決めることが大切です。転げ落ちるのは簡単です。誰もができます。そそっかしくて転がる人もいるでしょう。しかし、どのようなところであっても、階段の途中にいるのであれば、上るべきです。着実に上っていれば必ず、ゴールに辿《たど》り着きます。

その意味で、私の人生は面白いサンプルになるだろうと思います。

必要なものを引き寄せたし、経済的にも落ち着いたし、いまでも好きな人々ともいつでも会える状況にあります。好きな人といて、好きなことを積極的にカタチにするのは、うれしくて、幸せなことです。

皆さんもぜひ、強運とともに人生の階段を上ってほしいと心の底から思っています。みんなで幸せになりましょう。

◉参考文献

〈秋山眞人の本〉
秋山眞人・布施泰和『あなたの自宅をパワースポットにする方法』成甲書房、2014年
秋山眞人・協力／布施泰和『シンクロニシティ　願望が実現する「偶然」のパワー』河出書房新社、2019年
秋山眞人・協力／布施泰和『日本のオカルト150年史』河出書房新社、2020年
秋山眞人・協力／布施泰和『しきたりに込められた日本人の呪力』河出書房新社、2020年
秋山眞人・協力／布施泰和『開運！　オカルト実用大全』河出書房新社、2021年
秋山眞人・協力／布施泰和『日本の呪術大全』河出書房新社、2021年
秋山眞人『強運引き寄せ手相占い』河出書房新社、2022年
秋山眞人・協力／布施泰和『《偶然》の魔力　シンクロニシティで望みは叶う』河出書房新社、2022年
秋山眞人『山の神秘と日本人』さくら舎、2022年
秋山眞人・協力／布施泰和『最古の文明シュメールの最終予言』河出書房新社、2022年
秋山眞人・西脇俊二『新時代を生き抜く！　波動を上げる生き方』徳間書店、2022年
〈あ行〉
アイゼンク（H.J）ほか、岩脇三良ほか（訳）『占星術――科学か迷信か？』誠信書房、1987年
朝倉三心『物念』土曜美術社、1982年
池上正治『気の不思議』講談社現代新書、1991年
池上正治『気で観る人体』講談社現代新書、1992年
池上正治『気で読む中国思想』講談社現代新書、1995年
稲垣伸一『スピリチュアル国家アメリカ』河出書房新社、2018年
井上円了『哲学うらない』哲学館、1901年
井上円了『迷信の諸相・宗教の真相』群書、1983年
宇佐美景堂『数霊法運命鑑』霊響山房、1975年
宇佐美景堂『神機霊通秘巻』霊響山房、1976年
宇佐美景堂『霊体結修鎮魂之要諦』霊響山房、1978年
臼田夜半『聖ヒルデガルトの「病因と治療」を読む』ポット出版プラス、2018年
大熊茅楊『ズバリ！　病気は手で分かる』東洋書院、2012年
小倉暁風『御道の宝』成章堂、1921年
尾崎真奈美・奥健夫編『スピリチュアリティーとは何か』ナカニシヤ出版、2007年

小俣和一郎『精神医学の近現代史:歴史の潮流を読み解く』誠信書房、2020年
〈か行〉
楠原久司『心の医学』三崎書房、1972年
栗本慎一郎『人類新世紀終局の選択』青春出版社、1991年
佐藤正忠『学生易者』コスモポリタン社、1953年
椎野八束編集『ユング　現代の神話』新人物往来社、1993年
椎野八束編集『ユング　こころの神秘』新人物往来社、1993年
〈た行〉
田中久文『九鬼周造――偶然と自然』ぺりかん社、2001年
チャレット(F.X.)・渡辺学他(翻訳)『ユングとスピリチュアリズム』第三文明社、1997年
津島秀彦『超運命学の原理』大陸書房、1972年
東京占業組合連合会『易学教科書手相編（巻一）』東京占業組合連合会、1939年
外山紀久子編『気の宇宙論・身体論』埼玉大学教養学部・文化科学研究科、2015年
〈は行〉
橋本徹馬『超科学的に見たる諸病対策事典』紫雲荘、1980年
服部龍太郎『易と日本人――その歴史と思想』雄山閣、2012年
浜田和幸『快人エジソン』日本経済新聞社、1996年
浜野安宏『ファッション化社会』ビジネス社、1993年
藤波幽堂『運勢大辞典』さわね出版、1990年
藤巻一保『占いの宇宙誌』原書房、2001年
ボルタ（G・デッラ）、澤井繁男訳『自然魔術』青土社、1990年
〈ま行〉
槙佐知子『日本昔話と古代医術』東京書籍、1989年
水野南北、水沢有訳『南北相法修身録［全］』東洋書院、2009年
水野南北『小食開運・健康法秘伝』慧文社、2012年
水上薫『聖書と易学』五月書店、2005年
宮城音弥『手相の科学』小学館、1985年
村上宣寛『「心理テスト」はウソでした。受けたみんなが馬鹿を見た』日経BP、2005年
〈ら行〉
ローウェ(M）編、島田裕巳他訳『占いと神託』海鳴社、1984年
〈わ行〉
綿谷雪『ジンクス――運と偶然の研究』三樹書房、1980年

秋山眞人 あきやま・まこと

1960年生まれ。国際気能法研究所所長。大正大学大学院文学研究科宗教学博士課程前期修了。13歳のころから超能力少年としてマスコミに取り上げられる。ソニーや富士通、日産、ホンダなどで、能力開発や未来予測のプロジェクトに関わる。画家としても活動し、S・スピルバーグの財団主催で画展も行なっている。コンサルタント、映画評論も手がける。著書は、『最古の文明 シュメールの最終予言』『《偶然》の魔力 シンクロニシティで望みは叶う』『日本のオカルト150年史』(小社刊)ほか、100冊を超える。
公式ホームページ　https://makiyama.jp/

布施泰和 ふせ・やすかず

1958年生まれ。英国ケント大学留学を経て、国際基督教大学を卒業(仏文学専攻)。共同通信社経済部記者として旧大蔵省や首相官邸を担当した後、96年に退社して渡米、ハーバード大学ケネディ行政大学院ほかで修士号を取得。帰国後は国際政治や経済以外にも、精神世界や古代文明の調査、取材、執筆をおこなっている。単著に『卑弥呼は二人いた』(小社刊)ほか、秋山眞人氏との共著も多数ある。

強運が来る 兆しの法則

二〇二三年一月二〇日 初版印刷
二〇二三年一月三〇日 初版発行

著　者――秋山眞人
協　力――布施泰和

企画・編集――株式会社夢の設計社
東京都新宿区山吹町二六一　郵便番号一六二-〇八〇一
電話 (〇三) 三二六七-七八五一 (編集)

発行者――小野寺優

発行所――株式会社河出書房新社
東京都渋谷区千駄ヶ谷二-三二-二　郵便番号一五一-〇〇五一
電話 (〇三) 三四〇四-一二〇一 (営業)
https://www.kawade.co.jp/

DTP――アルファヴィル

印刷・製本――中央精版印刷株式会社

Printed in Japan ISBN978-4-309-29268-7